DER GOLDENE
LIEDERREIGEN

Er liebt mich!

DER GOLDENE LIEDER REIGEN

GONDROM

Herausgegeben von Roland W. Pinson
unter Mitarbeit von Charlotte Fink-Mattis

Die Überprüfung und teilweise Neufassung der
Melodien besorgte Kirchenmusikdirektor Hans Schmidt.
Die Noten zeichnete Julius Kirn.

Mit 379 Liedern aus Deutschland, Österreich und der Schweiz
und 369 Abbildungen nach Zeichnungen von Martin von Beckerath,
Jacob Grünewald, Theodor Hosemann, Andreas Müller, Carl Piloty,
Franz von Pocci, Arthur von Ramberg, Carl Reinhardt,
Ludwig Richter, Adolf Schrödter, Moritz von Schwind,
Gustav Süs, Paul Thumann u. v. a.

ISBN 3-8112-1413-6

Die Lieder nach ihren Themenkreisen

Alphabetisches Verzeichnis der Lieder und Liedanfänge

Von der Sehnsucht und der Liebe

Wie schön blüht uns der Maien

2. Bei ihr, da wär' ich gerne,
Bei ihr, da wär' mir's wohl;
Sie ist mein Morgensterne,
Strahlt mir ins Herz so voll.
Sie hat ein'n roten Mund;
Sollt' ich sie darauf küssen,
Mein Herz würd' mir gesund.

3. Wollt' Gott, ich fänd' im Garten
Drei Rosen auf einem Zweig,
Ich wollte auf sie warten,
Ein Zeichen wär' mir's gleich.
Das Morgenrot ist weit,
Es streut schon seine Rosen;
Ade, mein schöne Maid!

(M und T: Volksgut)

Spinn, spinn, meine liebe Tochter

2. „Spinn, spinn, meine liebe Tochter,
Ich kauf' dir'n Paar Strümpf'.“
„Ja, ja, liebe, liebe Mutter,
Auch Zwickeln darin!“

3. „Spinn, spinn, meine liebe Tochter,
Ich kauf' dir ein Kleid.“
„Ja, ja, liebe, liebe Mutter,
Nicht zu lang und nicht zu weit!“

4. „Spinn, spinn, meine liebe Tochter,
Ich kauf' dir 'nen Mann.“
„Ja, ja, liebe, liebe Mutter,
Dann streng' ich mich an.
Ich kann ja schon spinnen,
Und schmerzt mich kein Finger,
Und tut und tut
Und tut nicht mehr weh.“

(M und T: Volksgut)

Wir winden dir den Jungfernkranz

2. Lavendel, Myrt' und Thymian,
Das wächst in meinem Garten;
Wie lang bleibt doch der Freiersmann?
Ich kann es kaum erwarten.
Schöner, grüner . . .

3. Und als der schmucke Freier kam,
War'n sieben Jahr' verronnen;
Und weil er die Herzliebste nahm,
Hat sie den Kranz gewonnen.
Schöner, grüner . . .

(M: C. M. von Weber, T: F. Kind)

Wach auf, mein's Herzens Schöne

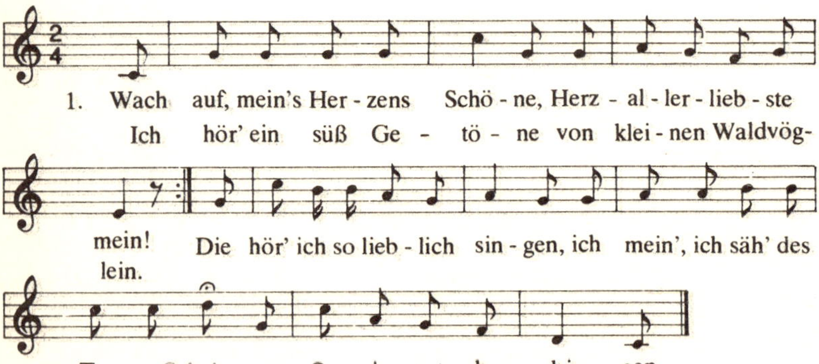

2. Ich hör' die Hahnen krähen
Und spür' den Tag dabei,
Die kühlen Windlein wehen,
Die Sternlein leuchten frei;
Sing uns, Frau Nachtigalle,
Sing uns ein' süße Melodei,
Sie neut den Tag mit Schalle.

3. Der Himmel tut sich färben
Aus weißer Farb' in Blau,
Die Wolken tun sich färben
Aus schwarzer Farb' in Grau;
Die Morgenröt' tut herschleichen,
Wach auf mein Lieb und mach mich frei,
Der Tag will uns entweichen.

4. Ich sollt' dir ein'n Boten senden,
Der mir ein' Botschaft würb',
Ich fürcht', er tut sich wenden,
Daß unser Lieb verdürb'.
Schick dich zu mir alleine,
Feins Lieb, feins Lieb, sei unverzagt!
In Treuen ich dich meine.

5. So darf ich niemals vertrauen,
Herzlieb in diesem Fall;
Die Klaffer machen uns ein Grauen,
Der ist so große Zahl.
Wenn unsre Lieb sich soll meiden,
Der Klaffer find't man überall,
Noch will ich mich nicht scheiden.

6. Du hast mein Herz umfangen
Mit aller inbrünstigen Gier;
Ich bin so oft gegangen,
Feinslieb, nach deiner Zier.
Ob ich dich möcht' ersehen,
So wird erfreut das Herz in mir,
Die Wahrheit tu' ich jehen*.

*) jehen (mhd.): bekennen

(M: Joh. F. Reichardt, T: Taglied aus dem 16. Jahrhundert)

Ännchen von Tharau

2. Käm' alles Wetter gleich auf uns zu schlahn,
Wir sind gesinnt, beieinander zu stahn.
Krankheit, Verfolgung, Betrübnis und Pein
Soll unsrer Liebe Verknotigung sein.
Ännchen von Tharau, mein Reichtum, mein Gut,
Du meine Seele, mein Fleisch und mein Blut!

3. Recht als ein Palmenbaum über sich steigt,
Hat ihn erst Regen und Sturmwind gebeugt,
So wird die Lieb' in uns mächtig und groß
Nach manchen Leiden und traurigem Los.
Ännchen von Tharau, mein Reichtum, mein Gut,
Du meine Seele, mein Fleisch und mein Blut!

4. Würdest du gleich einmal von mir getrennt,
Lebtest da, wo man die Sonne kaum kennt:
Ich will dir folgen durch Wälder und Meer,
Eisen und Kerker und feindliches Heer.
Ännchen von Tharau, mein Licht, meine Sonn',
Mein Leben schließ' ich um deines herum.

(M: Friedrich Silcher, 1825, T: nach Simon Dach, 1637)

Feinsliebchen, du sollst mir nicht barfuß gehn

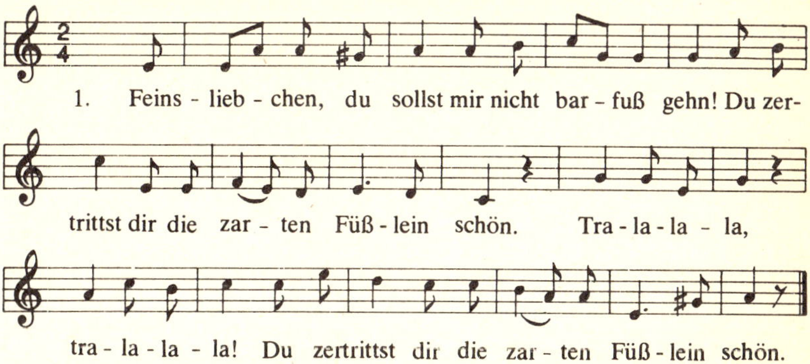

2. „Wie sollte ich denn nicht barfuß gehn,
Hab' keine Schuh' ja anzuziehn."

3. „Feinsliebchen, willst du mein eigen sein,
So kaufe ich dir ein Paar Schühlein fein."

4. „Wie könnte ich euer eigen sein,
Ich bin ein armes Mägdelein."

5. „Und bist du auch arm, so nehm' ich dich doch,
du hast ja die Ehr' und die Treue noch."

6. „Die Ehr' und die Treue mir keiner nahm,
Ich bin, wie ich von der Mutter kam."

7. Was zog er aus seiner Taschen fein?
Von lauter Gold ein Ringelein.

(M: nach der westfälischen Ballade „Winterrosen", T: A. W. F. von Zuccalmaglio nach J. G. Meinerts Aufzeichnung eines Liedes aus dem Kuhländchen)

Mein Mädel hat einen Rosenmund

2. Die Wangen sind wie Morgenröt',
Wie sie steht überm Winterschnee.

3. Dein' Augen sind wie die Nacht so schwarz,
Wenn nur zwei Sternlein funkeln drin.

4. Du Mädel bist wie der Himmel gut,
Wenn er über uns blau sich wölben tut.

(M: A. Kretzschmer, T: A. W. F. von Zuccalmaglio)

Je höher der Kirchturm

2. Je tiefer das Wasser,
Desto weißer die Fisch',
Je weiter mein Schätzel,
Desto lieber mir's ist.

3. Daß es im Walde dunkel ist,
Das macht ja das Holz;
Daß mir mein Schätzel untreu ist,
Das macht ja sein Stolz.

4. Zwei schneeweiße Tauben
Fliegen über mein Haus,
Der Schatz, wo mir bestimmt ist,
Der bleibt mir nit aus.

5. Je dunkler die Nacht,
Desto heller die Stern',
Je heimlicher die Lieb' ist,
Desto mehr hab' ich sie gern.

(M und T: Volksgut)

Mädele, ruck, ruck, ruck

(Die Auserwählte)

2. Mädele, guck, guck, guck in meine schwarze Auge,
Du kannst dei lieblichs Bildle drinne schauge!
Guck no recht drci nei, du mußt drinne sei;
Bist du drinne z'Haus, kommst au nimme raus!
Mädele, guck, guck, guck in meine schwarze Auge,
Du kannst dei lieblichs Bildle drinne schauge!

3. Mädele, du, du, du mußt mir den Trauring gebe,
Denn sonst liegt mir ja nix mehr an mein'm Lebe!
Wenn i di net krieg, gang i fort in'n Krieg;
Wenn i di net hab', ist mir d'Welt a Grab!
Mädele, du, du, du mußt mir den Trauring gebe,
Denn sonst liegt mir ja nix mehr an mein'm Lebe!

(M und T: 1. Strophe ist Volksgut, T: 2. u. 3. Strophe von Heinrich Wagner)

Stehn zwei Stern' am hohen Himmel

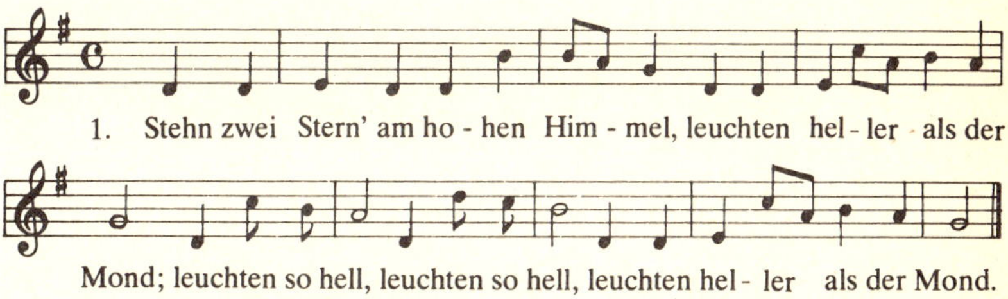

2. Ach, was wird mein Schätzel denken,
Weil ich bin so weit von ihr.

3. Gerne wollt' ich zu ihr gehen,
Wenn der Weg so weit nicht wär'.

4. Gerne wollt' ich ihr was schenken,
Wenn ich wüßt', was recht sollt' sein.

5. Gold und Silber, Edelsteine,
Schönster Schatz, gelt, du bist mein.
Ich bin dein, du bist mein,
Ach, was kann denn schöner sein?

(M und T: Volkslied aus dem Westerwald)

All' mein' Gedanken, die ich hab'

(Volksweise)

2. Du auserwählter, einzger Trost, gedenk daran!
Mein Leib und Seel, das sollst du gar zu eigen han!
Dein, dein, dein will ich ewig bleiben;
Du gibst Freud' und hohen Mut,
Kannst all mein Leid vertreiben.

3. Du Allerliebst und Minniglich, du bist so zart,
Deinsgleichen wohl in allen Reich, die find't man hart.
Bei dir, bei dir ist mein Verlangen.
Nun ich von dir scheiden soll,
So hältst du mich umfangen.

(M und T: aus dem Lochamer Liederbuch, um 1460)

Steh' ich in finstrer Mitternacht

(Soldatenliebe)

2. Als ich zur Fahne fortgemüßt,
Hat sie so herzlich mich geküßt,
Mit Bändern meinen Hut geschmückt
Und weinend mich ans Herz gedrückt.

3. Sie liebt mich noch, sie ist mir gut,
Drum bin ich froh und wohlgemut;
Mein Herz schlägt warm in kalter Nacht,
Wenn es ans treue Lieb gedacht.

4. Jetzt bei der Lampe mildem Schein
Gehst du wohl in dein Kämmerlein,
Und schickst dein Nachtgebet zum Herrn,
Auch für den Liebsten in der Fern'.

5. Doch wenn du traurig bist und weinst,
Mich von Gefahr umrungen meinst,
Sei ruhig, bin in Gottes Hut,
Er liebt ein treu Soldatenblut.

6. Die Glocke schlägt, bald naht die Rund'
Und löst mich ab zu dieser Stund';
Schlaf wohl im stillen Kämmerlein
Und denk in deinen Träumen mein!

(M: Volksweise, T: Wilhelm Hauff)

Von allen den Mädchen

(Die Lore am Tore)

(M: Volksweise, T: H. Ch. Boie)

2. Und kommt sie getrippelt das Gäßchen herab,
So wird mir ganz schwül vor den Augen;
Und hör' ich von weitem ihr leises Klippklapp,
Kein' Niet oder Band will mehr taugen.
Die Damen bei Hofe, so sehr sie sich ziern,
Sie gleichen doch nicht meiner Lore.

3. Und kommet die liebe Weihnacht heran,
Und strotzt mir das Geld in der Westen,
Das Geld, das dic Mutter zum Rock mir gesandt:
Ich geb's ihr, bei ihr ist's am besten.
Und würden mir Schätze vom Teufel gebracht,
Ich trüge sie alle zur Lore.

4. Und kommet nun endlich auch Pfingsten heran,
Nach Handwerksgebrauch müßt' ich wandern;
Dann werd' ich jedoch für mein eigenes Geld
Hier Bürger und Meister trotz andern.
Dann werde ich Meister in dieser Stadt:
Frau Meisterin wird meine Lore;
Dann geht es Juchheissa! bei Tag und bei Nacht,
Doch nicht mehr im Winkel am Tore.

Du, du liegst mir im Herzen

(Sehnsucht)

(M und T: Volksgut aus Norddeutschland)

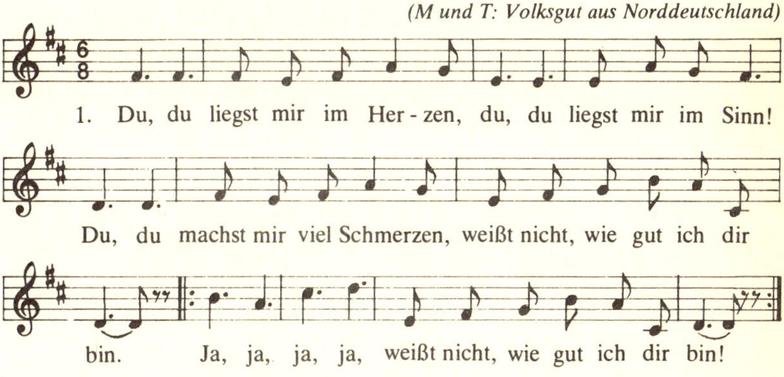

2. So, so wie ich dich liebe,
So, so liebe auch mich!
Die, die zärtlichsten Triebe
Fühl' ich allein nur für dich.

3. Doch, doch darf ich dir trauen,
Dir, dir mit leichtem Sinn?
Du, du kannst auf mich bauen,
Weißt ja, wie gut ich dir bin.

4. Und, und wenn in der Ferne
Dein, dein Bild mir erscheint,
Dann, dann wünscht' ich so gerne,
Daß uns die Liebe vereint.

Dort in den Weiden steht ein Haus

2. Des Morgens fährt er auf dem Fluß
Und singt herüber seinen Gruß,
Ja seinen Gruß.
Des Abends, wenn's Glühwürmchen fliegt,
Sein Nachen an das Ufer wiegt,
Da kann ich mit dem Burschen mein
Beisammen sein.

3. Die Nachtigall im Fliederstrauch,
Was sie da singt, versteh' ich auch,
Versteh' ich auch."
Sie sagte: „Übers Jahr ist Fest,
Hab' ich, mein Liebster, auch ein Nest,
Wo ich dann mit dem Burschen mein
Die Frohst' am Rhein!" *(M und T: A. W. F. v. Zuccalmaglio)*

Dat du min Leevsten büst

2. Kumm du üm Middernacht,
Kumm du Klock een!
Vader slöpt, Moder slöpt,
Ick slap alleen.

3. Klopp an de Kammerdör,
Fat an de Klink!
Vader meent, Moder meent,
Dat deit de Wind.

4. Kummt denn de Morgenstund,
Kreiht de ol Hahn.
Leevster min, Leevster min,
Denn mößt du gahn!

5. Sachen den Gang henlank,
Lies mit de Klink!
Vader meent, Moder meent,
Dat deit de Wind.

(M und T: Volksgut aus Norddeutschland)

Das Schiff streicht durch die Wellen

(Schifferlied)

2. Ihr dunkelblauen Wogen, fidelin,
Wo kommt ihr hergezogen, fidelin?
Kommt ihr vom fernen Strand?
Laßt sie rollen,
Denn sie sollen
Noch zurück zum Heimatland,
Fidelin, fidelin!

3. Und wenn die Wellen rauschen, fidelin,
Wird sie am Ufer lauschen, fidelin.
Dann eilet hin zu ihr. Sie zu grüßen,
Sie zu küssen,
Sagt ihr viel, recht viel von mir,
Fidelin, fidelin!

4. Mag ich auf Wellen schwanken, fidelin,
Sind immer die Gedanken, fidelin,
Bei dir im Heimatland.
Was ich singe,
Das erklinge
Bis hinüber an den Strand,
Fidelin, fidelin!

5. Wenn wild die Stürme sausen, fidelin,
Und hoch die Wellen brausen, fidelin,
Dann denk' ich nur an dich,
Daß mir bliebe
Deine Liebe,
Und kein Sturm erschüttert mich,
Fidelin, fidelin!

(M: G. B. Perneckini, T: I. von Brassier)

Wenn des Sonntags früh

(Das Schweizermadel)

2. In der ersten Hütt', da hab'n wir zusammeng'sess'n,
In der zweiten Hütt', da hab'n wir zusammengess'n,
In die dritte hab'n wir reingeschaut,
Saß ein Wanderbursch mit seiner Braut.

3. Mädel heirat mich, ich bin ein Zimmermann,
Baue Häuser mit 'ner Liebeslaube dran,
Kann nicht länger bleiben so allein;
Mädel, heirat mich und du bist mein!

(M und T: Volksgut)

Allemal kann man nit lustig sein

2. Wenn ich dein Bild mir betrachten tu',
Muß ich mich an dir erfreun:
Allezeit kommst du mir schöner vor,
Und ich lieb' dich von neu'm.

3. Äugelein hast du in deinem Kopf,
Glänzen natürlich von fern,
Wie der Karfunkel im Ofenloch,
Wie das Licht in der Latern.

(Übertragung eines schwäbischen Schnaderhüpferls)

Als ich noch im Flügelkleide

(Dauernde Liebe)

2. Gern saß ich ihr gegenüber,
Und anstatt ins Buch zu sehn,
Sah ich drunter oder drüber,
Mocht' es gleich mir übel gehn;
Bis sie mich zur Seite lud
Mit dem Gruß: „Ich bin dir gut!“

3. Wenn wir Kinder abends spielten,
Uns vom großen Feuermann
Und von Hexen unterhielten,
Sah mich Lina zärtlich an:
„Was schert uns die Hexenbrut?
Fritz, komm her, ich bin dir gut!“

4. Als ich Jüngling heißen wollte
Und doch nur erst Knabe war,
Der die Weisheit lernen sollte,
Floß ihr Auge sonnenklar,
Und auch dieser Augen Glut
Sagte mir: „Ich bin dir gut!"

5. Schrieb ich aus der fernen Weite,
Daß ich mich ja ganz allein,
Einzig nur an ihrer Seite
Dieses Lebens könnte freun;
Schrieb sie mir mit ihrem Blut
Den Bescheid: „Ich bin dir gut!"

6. Aber ach, der süßen Freude,
Da ich nun nach Hause kam!
Unsre Herzen hüpften beide,
Als ich in den Arm sie nahm,
Stieg auf ihre Wangen Glut,
Und sie sprach: „Ich bin dir gut!"

7. Als der Trauungsmorgen tagte
Und mein Mund sie feierlich
Bei der Zeugen Ankunft fragte:
„Lina, liebst du wirklich mich?"
Da gab sie mit hohem Mut
Den Bescheid: „Ich bin dir gut!"

8. Als der Priester seinen Segen
Vor dem Traualtar uns gab,
Floß gleich einem Sonnenregen
Eine Tränenflut herab;
Und auch diese Tränenflut
Sagte mir: „Ich bin dir gut!"

9. O die Welt wird mir zum Himmel,
Zum Elysium sogar,
Wenn mir unter dem Getümmel
Meiner muntern Kinderschar
Sanft mein Weib im Arme ruht
Und mir sagt: „Ich bin dir gut!"

(M: Wolfgang Amadeus Mozart, T: um 1790, Verfasser unbekannt)

Und der Hans schleicht umher

2. Liebe Liese, komm her!
Laß den Himmel, der ist trübe,
Doch im Herzen die Liebe,
Ach, die brennt gar so sehr!
Aber wenn du wieder gut bist
Und du wieder deinen Hans küßt,
Oh, dann ist auch auf einmal
Der Himmel wieder hell,
Oh, dann ist auch auf einmal
Der Himmel wieder hell!

3. Und er bittet und fleht,
Und er zupft sie am Zöpfchen,
Und die Liese hält's Köpfchen
Schon halb umgedreht.
Und sie lacht schon und zieht's Mäulchen,
Und sie ziert sich noch ein Weilchen,
Und dann küßt sie den Hans,
Und 's ist alles wieder gut,
Und dann küßt sie den Hans,
Und 's ist alles wieder gut.

(M und T: F. von Woyna)

Gestern bei Mondenschein
(Bei Mondenschein)

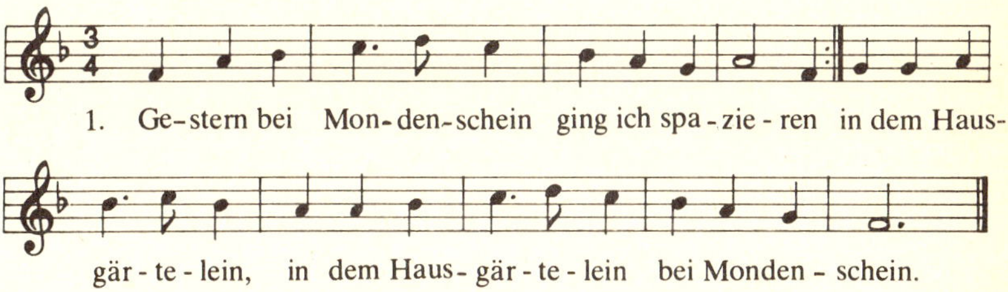

2. Da saß ein Mägdelein wohl ganz alleine
In dem Hausgärtelein bei Mondenschein.

3. Mägdlein, was machst du hier so ganz alleine
In dem Hausgärtelein bei Mondenschein?

4. Ich bind' ein Kränzlein von grünen Zypressen
In dem Hausgärtelein bei Mondenschein.

5. Es soll dem Liebsten sein, wenn er wird kommen
In das Hausgärtelein bei Mondenschein.

(M und T: Volksgut, angeblich aus Schlesien)

An dem schönsten Frühlingsmorgen (Die Spröde)

2. Thyrsis bot ihr für ein Mäulchen
Zwei, drei Schäfchen gleich am Ort,
Sie besann sich noch ein Weilchen;
Doch sie sang und lachte fort. So lala usw.

3. Und ein andrer bot ihr Bänder,
Und der dritte bot sein Herz;
Doch sie trieb mit Herz und Bändern
So wie mit den Lämmern Scherz. So lala usw.

4. Bei dem Glanz der Abendröte
Ging sie still den Wald entlang,
Damon saß und spielte Flöte,
Daß es durch die Seele drang. So lala usw.

5. Und er zog sie, ach, zu sich nieder,
Küßte sie so hold, so süß;
Und sie sagte: „Blase wieder!"
Und der gute Junge blies: So lala usw.

6. Meine Ruh' ist nun verloren,
Meine Freuden sind entflohn,
Und ich hör' vor meinen Ohren
Immer nur den süßen Ton: So lala usw.

(M: Friedrich H. Himmel, T: Johann Wolfgang von Goethe)

S

Es war ein Sonntag, hell und klar

(M: K. Götze, T: A. Freudenthal)

2. Wir gingen schweigend Arm in Arm,
Das Herz so voll, das Herz so warm.
Die blauen Augen dein, o Maid,
Erstrahlten hell in Seligkeit.
Tief drang ihr Blick ins Herz mir ein,
Weit schöner als der Sonnenschein!

3. Auf stiller brauner Heide dort,
Da fand mein Herz das rechte Wort,
Da fand mein Mund zum Kuß den Mut!
Leis frug ich dich: „Bist du mir gut?“
Da sahst du mich so eigen an:
„Das weißt du nicht, du böser Mann?“

Zu Lauterbach hab' i mein' Strumpf verlor'n

(Zu Lauterbach)

(M und T: Volksgut)

2. Zu Lauterbach hab' i mein Herz verlor'n,
Und ohne Herz kann i nöt leb'n!
Drum muß i bald wieder nach Lauterbach,
Und's Dirndel solls seine mir geb'n!

3. Vater, wann gibst mir denn's Heimatel,
Vater, wann läßt's mir übrschreib'n?
Denn's Dirndel wachst auf as wie's Grummatel
Und will nöt mehr lediger bleib'n.

4. Das Dirndel hat schwarzbraune Augele,
Gar nett wie a Täuberl schaut's her;
Und wann i beim Fenster oan Schneppler tu',
Dann kommt sie ganz freundli daher.

Willst du dein Herz mir schenken

2. Behutsam sei und schweige
Und traue keiner Wand,
Lieb innerlich und zeige
Dich außen unbekannt!
Kein' Argwohn mußt du geben,
Verstellung nötig ist;
Genug, daß du, mein Leben,
Der Treu' versichert bist.

3. Begehre keine Blicke
Von meiner Liebe nicht!
Der Neid hat viele Tücke
Auf unsern Bund gericht't.
Du mußt die Brust verschließen,
Halt deine Neigung ein!
Die Lust, die wir genießen,
Muß ein Geheimnis sein.

4. Zu frei sein, sich ergehen,
Hat oft Gefahr gebracht;
Man muß sich wohl verstehen,
Weil ein falsch Auge wacht.
Du mußt den Spruch bedenken,
Den ich vorher getan:
Willst du dein Herz mir schenken,
So fang es heimlich an!

(M: J. S. Bach, nach anderen Quellen Michelangelo Girolamo Giovannini; T: Christian Weise)

Guter Mond, du gehst so stille

(An den Mond)

2. Guter Mond, dir darf ich's sagen,
Was mein banges Herze kränkt,
Und an wen mit bittern Klagen
Die betrübte Seele denkt!
Guter Mond, du sollst es wissen,
Weil du so verschwiegen bist,
Warum meine Tränen fließen
Und mein Herz so traurig ist.

3. Dort in jenem kleinen Tale,
Wo die dunkeln Bäume stehn,
Nah bei jenem Wasserfalle
Wirst du eine Hütte sehn;
Geh durch Wälder, Bäch' und Wiesen,
Blicke sanft durchs Fenster hin,
So erblickest du Elisen,
Aller Mädchen Königin.

4. Nicht in Gold und nicht in Seide
Wirst du dieses Mädchen sehn;
In gemeinem, nettem Kleide
Pflegt mein Mädchen stets zu gehn.
Nicht vom Adel, nicht vom Stande,
Was man sonst so hoch verehrt,
Nicht von einem Ordensbande
Hat mein Mädchen ihren Wert.

5. Nur ihr reizend gutes Herze
Macht sie liebenswert bei mir,
Stolz im Ernste, froh im Scherze,
Jeder Zug ist gut an ihr.
Ausdrucksvoll sind die Gebärden,
Froh und heiter ist ihr Blick;
Kurz, von ihr geliebt zu werden
Scheinet mir das größte Glück.

6. Mond, du Freund der reinen Triebe,
Schleich dich in ihr Kämmerlein!
Sage ihr, daß ich sie liebe,
Daß sie einzig und allein
Mein Vergnügen, meine Freude,
Meine Lust, mein Alles ist,
Daß ich gerne mit ihr leide,
Wenn ihr Aug' in Tränen fließt!

7. Daß ich aber schon gebunden
Und nur leider zu geschwind
Meine süßen Freiheitsstunden
Schon für mich verschwunden sind,
Und daß ich nicht ohne Sünde
Lieben könne in der Welt –
Lauf und sag's dem guten Kinde,
Ob ihr diese Lieb' gefällt!

(M und T: Volksgut)

Bald gras' ich am Neckar

(Das Ringlein)

(M und T: Volksgut)

2. Was hilft mir das Grasen, wenn die Sichel nicht schneid't!
Was hilft mir ein Schätzel, wenn's bei mir nicht bleibt!

3. Und soll ich dann grasen am Neckar, am Rhein,
So werf' ich mein goldiges Ringlein hinein.

4. Es fließet im Neckar und fließet im Rhein,
Soll schwimmen hinunter ins tiefe Meer 'nein.

5. Und schwimmt das Goldringlein, so frißt es ein Fisch;
Das Fischlein soll kommen auf Königs sein' Tisch.

6. Der König tät fragen, wem's Ringlein soll sein?
Da tät mein Schatz sagen: „Das Ringlein g'hört mein."

7. Mein Schätzlein tät springen bergauf und bergein,
Tät mir wied'rum bringen das Goldringlein fein.

Wenn i auf Amorbach geh'

2. „Schätzle, wie meinst du's mit mir?
Meinst du, daß ich dich vexier'?
Meinst du, daß ich mich bekränk'
Oder ins Wasser versenk'?
Lieget die Schuld nicht an dir,
Weil du so umgehst mit mir?"

3. „Schätzle, laß dein Trotzen nur sein!
Trotzen, das steht dir nicht fein;
Freundlich bist erst gewest
Mit mir aufs allerbest',
Aber drei Wochen nachher
Red'st du kein Wörtle mit mir."

4. „Schätzle, was sagen dein' Leut',
Daß dich das Lieben so freut?"
„Mein Leut' sag'n jederzeit:
Lieben geht weit und breit,
Lieben geht in der Welt rum,
Schätzle, schau dich noch mal um!"

(M und T: Volksgut)

Wenn d' zu mei'm Schätzel kommst

(Gruß)

2. Wenn sie fragt, ob ich krank,
Sag, ich sei g'storben;
Wenn sie fragt, ob ich krank,
Sag, ich sei g'storben!
Wenn's an zu weinen fangt,
Klagen fangt, weinen fangt,
Sag: ich komm morgen,
Heididerideralla!
Sag: ich komm morgen,
Heidideridera!

3. Mädel, trau nit so wohl,
Du bist betrogen;
Mädel, trau nit so wohl,
Du bist betrogen.
Daß ich dich gar nit mag,
Nimmer mag, gar nit mag,
Das ist erlogen,
Heididerideralla!
Das ist erlogen,
Heidideridera!

(M und T: Volksgut)

Denk' ich alleweil

(Verlorene Liebesmüh')

2. Wo ich gehe, wo ich stehe,
Das Herz tut mir weh;
Den Leuten ist's zuwider,
Wenn ich nur mit ihr geh'.

3. „Herzig Schätzlein, bist du drinnen,
Steh auf und mach auf!
Es friert mich an meine Finger,
Bin sonst nicht wohlauf."

4. „Friert dich's an deine Finger,
Zieh Handschühle an,
Bleib nur eine Weil' stehen,
Klopf noch einmal an!"

5. „Was batt' mir mein Klopfen?
Du machst mir nicht auf;
Du tust mich vexieren
Und lachst mich nur aus!"

(M und T: Volksgut, wohl aus Schwaben)

Wenn ich ein Vöglein wär'

2. Bin ich gleich weit von dir,
Bin doch im Schlaf bei dir
Und red' mit dir;
Wenn ich erwachen tu,
Bin ich allein.

3. Es vergeht keine Stund' in der Nacht,
Da nicht mein Herz erwacht
Und an dich gedenkt,
Daß du mir vieltausendmal
Dein Herz geschenkt.

(M: Johann Friedrich Reichardt zugeschrieben,
T: aus Johann Gottfried Herders „Stimmen der Völker in Liedern")

Wenn alle Brünnlein fließen
(Tritt zu!)

2. Ja, winken mit den Äugelein
Und treten auf den Fuß,
's ist eine in der Stube drin,
Die meine werden muß.

3. Warum soll sie's nicht werden,
Ich hab' sie ja so gern.
Sie hat zwei blaue Äugelein,
Die leuchten wie zwei Stern'.

4. Sie hat zwei rote Wängelein,
Sind röter als der Wein,
Ein solches Mädel findst du nicht
Wohl unterm Sonnenschein.

5. „Ach herz'ger Schatz, ich bitte dich,
Ach laß mich gehen!
Denn deine Leut' die schmähen mich,
Ich muß mich schämen."

6. Was frag' ich nach den Leuten,
Die mich tun schmähen?
Ei, so lieb ich noch einmal,
Ju, ja noch einmal
Die schönen Mädchen!

(M und T: Volksgut)

In meines Vaters Garten

2. Und da ich nun erwachte,
Da stand niemand bei mir;
Es war'n die roten Rosen,
Sie blühten über mir.

3. Ich brach mir ab ein Zweiglein,
Ich band mir einen Kranz,
Ich gab ihn meiner Herzliebsten,
Auf daß sie mit mir tanzt'.

4. Und wie der Tanz am besten war,
So war das Geigen aus.
Wir wollten beide heimgehn,
Wir hatten keins kein Haus.

5. Ich will ein Häuslein bauen
Von Petersilie grün,
Ich will mir's lassen decken
Mit roten Rosen schön.

6. Und wenn ich's nun werd' fertig han,
Bescher' mir Gott was 'nein,
Daß ich zu Jahr kann sprechen:
Das Häuslein, das ist mein!

*(M und T: Volksgut,
wohl aus dem schlesischen Bergland)*

Heimliche Liebe

Kein Feuer, keine Kohle

(Heimliche Liebe)

2. Keine Rose, keine Nelke kann blühen so schön,
Als wenn zwei verliebte Seelen beieinander tun stehn.

3. Wie's Waldvöglein singt, wenn's der Frühling anweht,
So dringt mir ins Herze deine liebliche Red'.

4. Zwei Sternlein am Himmel, zwei Röslein im Hag:
Mein Herz und das deine sind vom selbigen Schlag.

5. Und willst du es wissen, wie treu ich es mein',
So setz einen Spiegel ins Herz mir hinein!

6. Und der Spiegel wird's weisen: Es ist nichts darin
Als Liebe und Treue und ehrlicher Sinn. *(M und T: Volksgut)*

Warum bist du denn so traurig

(Treue Liebe)

2. Eh' ich dich, mein Kind, will lassen,
Muß der Himmel fallen ein
Und die Sternlein sich erblassen
Und der Mond verfinstert sein.

3. Morgen muß ich von dir reisen,
Abschied nehmen mit Gewalt;
Lustig singen schon die Vögel
Draußen in dem grünen Wald.

4. Sitzen da zwei Turteltauben
Droben auf dem dürren Ast;
Wo sich zwei Verliebte scheiden,
Da verwelket Laub und Gras.

5. Laub und Gras, das mag verwelken,
Aber treue Liebe nicht:
Kommst mir wohl aus meinen Augen,
Doch aus meinem Herzen nicht!

(M und T: Volksgut)

Ach wie ist's möglich dann

(Treue Liebe)

2. Blau blüht ein Blümelein,
Das heißt Vergißnichtmein;
Dies Blümlein leg ans Herz
Und denke mein!
Stirbt Blum' und Hoffnung gleich,
Wir sind an Liebe reich;
Denn die stirbt nie bei mir,
Das glaube mir!

3. Wär' ich ein Vögelein,
Wollt' ich bald bei dir sein,
Scheut' Falk' und Habicht nicht,
Flög' schnell zu dir.
Schöß' mich ein Jäger tot,
Fiel' ich in deinen Schoß;
Sähst du mich traurig an,
Gern stürb' ich dann.

(M: Friedrich W. Kücken, T: Helmine von Chézy)

Ich ging wohl bei der Nacht
(Nachtfahrt)

2. Ich kam vor Liebchens Tür,
Die Tür, die war verschlossen,
Der Riegel, der war für.

3. Es war'n der Schwestern drei,
Die allerjüngste drunter,
Die ließ den Knaben ein.

4. Sie stellt' mich hinter die Tür,
Bis Vater und Mutter schliefen,
Da zog sie mich herfür.

5. Sie führt' mich oben ins Haus,
Ich dacht' sie führt' mich schlafen,
Sie stieß mich zum Laden hinaus.

6. Ich fiel auf einen Stein,
Schlug mir zwei Rippen im Leib entzwei,
Dazu das linke Bein.

7. Der Fall, der tut mir weh;
„Ade, du falsches Schätzchen,
Zu dir komm' ich nicht mehr."

8. „Mein Kind, verred' es nicht!
Denn ist der Schaden geheilet,
Das Naschen läßt du nicht."

(M und T: Volksgut)

Wenn ich an den letzten Abend gedenk'

(Der letzte Abend)

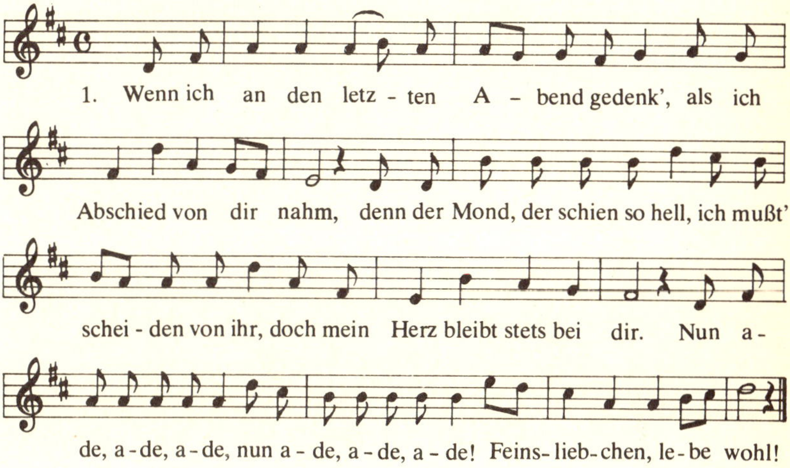

2. Meine Mutter hat gesagt, ich sollt 'ne Reiche nehm'n,
Die da hat viel Silber und Gold;
Doch viel lieber will ich mich in die Armut begeb'n,
Als ich dich verlassen sollt'.

3. Großer Reichtum bringt uns keine Ehr',
Große Armut keine Schand';
Ei, so wollt' ich, daß ich tausend Taler reicher wär'
Und hätt' dich an meiner Hand.

4. Ich gedenke, noch einmal reich zu werd'n,
Aber nicht an Geld und Gut:
Wollte Gott mir nur schenken das ewige Leb'n,
Ei, so bin ich reich genug.

5. Das ewige Leben, viel Glück und Seg'n
Wünsch ich dir vieltausendmal.
Und du bist mein Schatz, und du bleibst mein Schatz
Bis in das kühle Grab. Nun ade, ade, ade!
Feinsliebchen, lebe wohl!

(M und T: Volksgut)

Ich habe mein Feinsliebchen

(Vergebliche Warnung)

2. Ich sah sie gestern abend
Wohl in der Haustür stehn.
Ich sah sie gestern abend
Wohl in der Haustür stehn.

3. Ich dacht', ich wollt' sie küssen,
Der Vater sollt's nicht wissen;
Die Mutter ward's gewahr,
Daß jemand bei ihr war.

4. „Ach Tochter, willst du freien?
Das wird dich bald gereuen!
Es reut dich ganz gewiß,
Es reut dich ganz gewiß.

5. Wenn andre junge Mädchen
Mit ihren grünen Kränzchen
Wohl auf den Tanzboden gehn,
Wohl auf den Tanzboden gehn.

6. Da mußt du junges Weibchen
Mit deinem schneeweißen Häubchen
Wohl an der Wiege stehn,
Wohl an der Wiege stehn.

7. Mußt singen: Ru ru Rinnchen,
Schlaf ein, mein liebes Kindchen,
Tu deine Äuglein zu
Und schlaf in guter Ruh'!"

8. „Ach hätt' die Lieb' nicht so gebrannt,
So wär'n wir nicht so nah bekannt;
Das Feuer brennet sehr,
Die Liebe noch viel mehr.

9. Das Feuer kann man löschen,
Die Liebe nicht vergessen,
Ja nun und nimmermehr,
Ja nun und nimmermehr."

(M und T: Volksgut)

Den Sonntag, des Morgens in aller Fruh
(Liebesschmerz)

2. Und als ich zu ihr gekommen bin,
Da tät' sie mir was sagen in aller Still':
Ich sollt' sie nicht verlassen in aller ihrer Not,
Ich sollt' sie treulich lieben bis in den Tod.

3. „Schau an, schau an mein bleiches Angesicht,
Schau, wie mich die Liebe hat zugericht'!
Kein Feuer ist auf Erden, das brennet also heiß,
Als die verborgne Liebe, die niemand weiß."

4. „Die Dornen und Disteln, die stechen gar zu sehr,
Die falschen Zungen aber noch viel mehr;
Viel lieber wollt' ich gehen, wo Dorn' und Disteln stehn,
Als wo zwei falsche Zungen beisammenstehn."

5. „Mit Trauern, da muß ich schlafen gehn,
Mit Trauern muß ich wiedrum auferstehn;
Mit Trauern und mit Weinen verbring' ich meine Zeit,
Dieweil ich nicht kann haben, was mein Herz erfreut."

6. „Geht dir's wohl, so gedenk an mich,
Geht dir's aber übel, so kränkt es mich.
Wie froh wollt' ich sein, wenn dir's nur wohl ergeht,
Obschon mein junges Leben in Trauern steht."

7. „Ach herzlieber Schatz, ich bitte dich noch eins:
Du wollest auch bei meinem Begräbnis sein,
Du wollst mich helfen tragen ins kühle Grab,
Dieweil ich dich so treulich geliebet hab'."

(M und T: Volksgut)

Nun so reis' ich weg von hier
(Abschied)

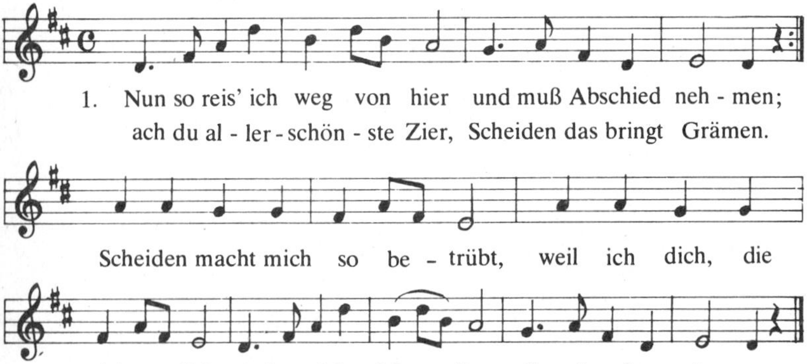

2. Wenn zwei gute Freunde sind,
Die einander kennen,
Sonn' und Mond bewegen sich,
Ehe sie sich trennen.
Noch viel größer ist der Schmerz,
Wenn ein treu verliebtes Herz
Muß von seinesgleichen
Eine Zeitlang weichen.

3. Schatz, leb' wohl und denk' an mich,
Denn ich muß nun scheiden;
Du wirst mir auch ewiglich
Im Gedächtnis bleiben.
Hörst du oftmals Vögelein,
Wisse, daß es Boten sein,
Die mit ihrem Singen
Einen Gruß dir bringen.

4. Küsset dir ein Lüftelein
Wangen oder Hände,
Wisse, daß es Seufzer sein,
Die ich zu dir sende.
Tausend schick' ich täglich aus,
Die da wehen um dein Haus,
Diese da zu finden,
Die mich konnte binden.

5. Dieses hab' ich noch zuletzt
Meiner Tausend-Freude
Jetzt zur Nachricht aufgesetzt,
Und nun heißt's: Ich scheide.
Lebe du in Fried' und Ruh',
Bis du tust die Augen zu;
Reich mir deine Hände,
Denn es geht zum Ende.

(M und T: Volksgut)

Es dunkelt in dem Walde
(Ich hört' ein Sichlein rauschen)

2. Ich hört' ein Sichlein rauschen,
Ja rauschen durch das Korn;
Ich hört' mein Feinslieb klagen,
Sie hätt' ihr' Ehr' verlorn.

3. Hat sie ihr' Ehr' verloren,
Hab' ich ja noch die mein';
So gehn wir beide zusammen
Und winden zwei Kränzelein.

4. Ein Kränzelein von Rosen,
Ein Kränzelein von Klee;
In Frankfurt an der Brücken
Da liegt ein tiefer Schnee.

5. Der Schnee, der ist zerschmolzen,
Das Wasser läuft dahin
In mein's Feinsliebchens Garten,
Dahin steht all' mein Sinn.

6. In mein's Feinsliebchens Garten
Da stehn zwei Bäumelein;
Das eine trägt Muskaten,
Das and're braun' Nägelein.

7. Muskaten, die sind süße,
Braun' Nägelein, die sind gut:
Ei, so wünsch' ich meinem Herzliebchen
Einen frischen und fröhlichen Mut.

(M und T: Volksgut)

Ach schönster Schatz, mein Augentrost
(Augentrost)

2. Des Morgens, wenn ich früh aufsteh',
Die Sonn' geht auf mit Strahlen,
Seh' ich schon bald am Fensterlein
Mein' Augentrost, mein' Herzenspein
Sich zöpfen fein und schmücken.

3. Des Abends, wenn ich schlafen geh',
Denk' ich an jene Stunde,
Denk' ich der Allerliebsten mein:
Wo wird mein Schatz, mein Engel sein,
Den ich so treulich liebe?

4. Die Leut' sind schlimm, sie reden viel,
Das wirst du gar wohl wissen;
Und wenn ein Herz das andre liebt,
Und keines dann ein' Falschheit übt,
Das tut die Leut' verdrießen.

5. Ich trag' einen Ring an meiner Hand,
Darin da steht dein Name;
Und wenn's von Gott verordnet ist,
Und wenn's von Gott verordnet ist,
So kommen wir zusammen.

6. Nun wünsch' ich dir ein' gute Nacht
Und alles Wohlergehen,
Ein' süßen Schlaf, eine sanfte Ruh'
Ein' angenehmen Traum dazu;
Nach Hause muß ich gehen.

(M und T: Volksgut)

I woaß a schöni Glock'n

(Mei Dienei)

2. I woaß a schöni Alm,
Und die hat an' Kleeplatz,
Und da geht des schö' Dienei,
Und des is mei' Schatz.

3. Und beim Dienei seiner Hütt'n,
Da singa die Schwalb'n,
Und da laafa die Gambsein
Glei' her über d'Alm.

4. Mei Leb'n und mei Freud'
Und mei Kopf und mei Sinn
Is allwei' beim Dienei
In der Almhütt'n drin.

5. Und i ko' nimmer sitzn,
I ko' nimmer steh',
Und muaß zun ihr auffi,
Auf d'Alm auffi geh'.

6. Aus 'n Tal bin i ganga,
Auf d'Alm bin i g'rennt,
Und da hat's mi vo' weit'n
In' Juchezn kennt.

7. Du flachshaarets Diendl,
Di hon i so gern,
Und i kunnt weg'n den Flachs
Glei' a Spinnradl wer'n.

(M und T: Volksgut)

Von Liebesleid und Trennungsschmerz

In einem kühlen Grunde

(Das zerbrochene Ringlein)

2. Sie hat mir Treu' versprochen,
Gab mir ein'n Ring dabei;
Sie hat die Treu' gebrochen,
Mein Ringlein sprang entzwei.

3. Ich möcht' als Spielmann reisen
Weit in die Welt hinaus
Und singen meine Weisen
Und gehn von Haus zu Haus.

4. Ich möcht' als Reiter fliegen
Wohl in die blut'ge Schlacht,
Um stille Feuer liegen
Im Feld bei dunkler Nacht.

5. Hör' ich das Mühlrad gehen,
Ich weiß nicht, was ich will –
Ich möcht' am liebsten sterben,
Da wär's auf einmal still.

(M: Friedrich Glück, T: J. von Eichendorff)

Da droben auf jenem Berge

(Müllers Abschied)

2. Die eine, die heißt Susanne,
Die andre Annemarei,
Die dritte, die darf ich nicht nennen,
Die soll mein eigen sein.

3. Da drunten in jenem Tale,
Da treibt das Wasser ein Rad,
Das mahlet nichts als Liebe
Von morgens bis abends spat.

4. Das Mühlrad ist zerbrochen,
Die Liebe hat ein End'.
Wo zwei Verliebte sich scheiden,
Sie geben einander die Händ'.

5. Ach Scheiden, immer Scheiden,
Wer hat dich doch erdacht!
Du hast mein junges Herze
Aus Freuden in Trauern gebracht.

(M und T: Volksgut)

Müllers Abschied.
X. A. v. GABER.
RIEHEL. SC.
1854.

Und in dem Schneegebirge

2. Ich hab' daraus getrunken
Gar manchen frischen Trunk;
Ich bin nicht alt geworden,
Ich bin noch allzeit jung.

3. Ade, mein Schatz, ich scheide,
Ade, mein Schätzelein!
„Wann kommst du aber wieder,
Herzallerliebster mein?"

4. „Wenn's schneiet rote Rosen
Und regnet kühlen Wein.
Ade, mein Schatz, ich scheide,
Ade, mein Schätzelein!"

5. „Es schneit ja keine Rosen
Und regnet keinen Wein,
So kommst du auch nicht wieder,
Herzallerliebster mein!"

(M und T: Volksgut aus Schlesien)

Den lieben langen Tag

2. Denn, ach, mein Lieb' ist tot,
Ist drob'n beim lieben Gott,
Er war mit Herz und Sinn der meine.
Ich seh' ihn nimmermehr,
Das macht mir's Herz so schwer,
Und i muß weine, bin i alleine.

3. Jetzt kommt er nimmermehr,
Das drückt mi gar zu schwer,
Und abends muß i immer weine!
Wenn d'Stern spazierengehn,
Glaub' i sein Aug' zu sehn,
Und bin alleine, da muß i weine.

(M: Volksweise, T: Ph. J. Düringer)

HBOSSE

Mein Schatz ist a Reiter

(M und T: Volksgut)

2. Blauäugig, braunes Haar
Und a Grübel im Kinn,
So ist mein schönes Schatzel,
In das i verliebt bin.

3. Treu bin i, treu bleib i,
Treu hab' i 's im Sinn,
Treu bleib' i mei'm Schatzel
In Frankfurt und Wien.

4. Mein Schatzel ist fort,
Er ist über den See;
I darf nit dran denken,
Tut's Herzel so weh.

5. Mein Herzel ist treu,
's ist a Schlossel dabei;
Ein einziger Bue
Hat'n Schlüssel dazue.

6. Zwei Anteln im Teich
Und zwei Fischeln im See:
Mein' Liebschaft geht unter,
Kommt nimmer in d' Höh.

Meister Müller, tut mal sehen

(Des Müllers Töchterlein)

2. Die Frau Müllrin sprang wohl auf die Kammer,
Schlug die Händ' überm Kopf zusammen:
„Haben wir das einz'ge Töchterlein,
Und das muß uns ertrunken sein!"

3. „Frau, ich bitt' dich ums Himmels willen,
Laß nur Gott seinen Wunsch erfüllen;
Laß das Kind in seiner Qual und Pein
Ihm hier und dort empfohlen sein!"

4. „Kommt, ihr Schwestern, kommt gegangen!
Seht, das Rad hat mich gefangen;
Kränzet mir mein Haupt mit Rosmarin,
Dieweil ich Braut und Jungfer bin!

5. Liebste Eltern, tut's dran wagen,
Laßt mich durch sechs Träger tragen;
Traget mich dem Kirchhof zu,
Auf daß ich schlaf' in stiller Ruh'!

6. Dort in jenem Rosengarten
Tut der Bräut'gam meiner warten,
Ja, bei Gott in jener Ewigkeit
Da steht mein Brautbett schon bereit."

(M: August Buker, T: Volksgut)

Horch, was kommt von draußen rein?

(Die Verlassene)

2. Leute haben's oft gesagt,
Hollahi, hollaho,
Was ich für 'n Feinsliebchen hab',
Hollahiaho!
Laß sie reden, schweig fein still,
Hollahi, hollaho,
Kann ja lieben, wen ich will,
Hollahiaho!

3. Leute, sagt mir, was das ist,
Hollahi, hollaho,
Was das für ein Lieben ist,
Hollahiaho!
Den ich lieb', den krieg' ich nicht,
Hollahi, hollaho,
Und 'nen andern mag ich nicht,
Hollahiaho!

4. Wenn mein Liebchen Hochzeit hat,
Hollahi, hollaho,
Ist für mich ein Trauertag,
Hollahiaho!
Geh' ich in mein Kämmerlein,
Hollahi, hollaho,
Trage meinen Schmerz allein,
Hollahiaho!

5. Wenn ich dann gestorben bin,
Hollahi, hollaho,
Trägt man mich zum Grabe hin,
Hollahiaho!
Setzt mir keinen Leichenstein,
Hollahi, hollaho,
Pflanzt mir Rosen und Vergißnichtmein,
Hollahiaho!

(M und T: aus Baden, nach anderen Quellen aus Schwaben)

Drei Lilien

(M und T: Volksgut)

2. „Ach Reitersmann, ach Reitersmann,
Laß doch die Lilien stehn!
Die soll ja mein Feinsliebchen
Noch einmal sehn.
Mit Juchheirasassassassassassassa,
Mit Juvalleralla vallerallala!
Die soll ja mein Feinsliebchen
Noch einmal sehn.“

3. „Was schert mich denn dein Liebchen,
Was schert mich denn dein Grab!
Ich bin ein stolzer Reiter
Und brech' sie ab.
Mit Juchhei usw.

4. Und sterbe ich noch heute,
So bin ich morgen tot.
Dann begraben mich die Leute
Ums Morgenrot.
Mit Juchhei usw.

Droben stehet die Kapelle

(Die Kapelle)

(M: Volksgut, T: Ludwig Uhland)

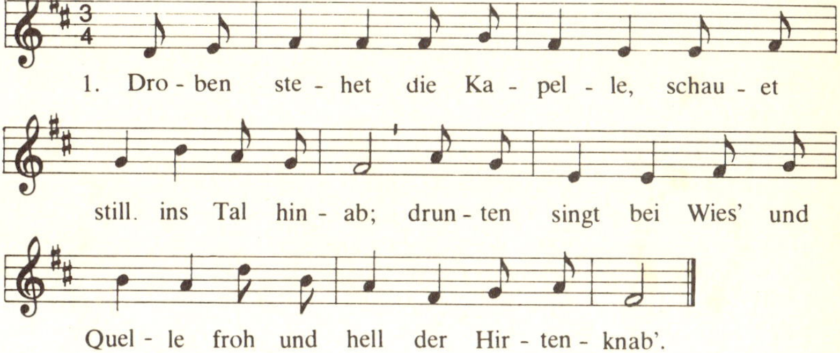

2. Traurig tönt das Glöcklein nieder,
Schauerlich der Leichenchor;
Stille sind die frohen Lieder,
Und der Knabe lauscht empor.

3. Droben bringt man sie zu Grabe,
Die sich freuten in dem Tal;
Hirtenknabe, Hirtenknabe!
Dir auch singt man dort einmal!

Schatz, ach Schatz, reise nicht so weit

(Soldatenabschied)

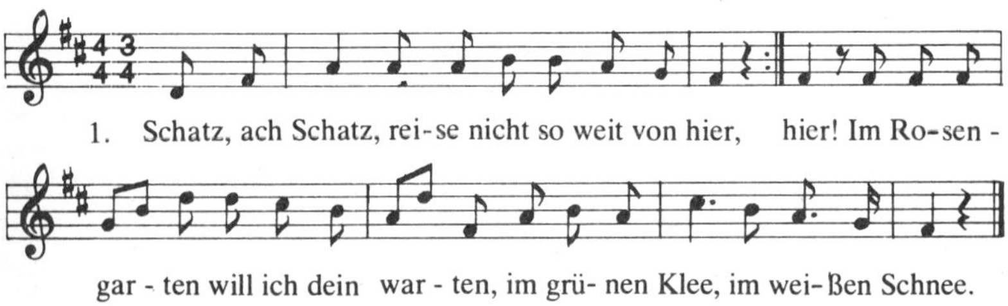

2. Mich zu erwarten, das brauchest du ja nicht.
Geh du zum Reichen, zu deinesgleichen,
Es ist mir lieb, es ist mir recht.

3. Ich heirat' nicht nach Geld und nicht nach Gut;
Eine treue Seele tu' ich mir wählen,
Wer's glauben tut, wer's glauben tut.

4. Wer's glauben tut, der ist so weit von hier.
Er ist in Schleswig, er ist in Holstein,
Er ist Soldat und bleibt Soldat.

5. Soldatenleben, ei, das heißt lustig sein;
Wenn andre Leut' schlafen, dann muß er wachen,
Muß Schildwach' stehn, Patrouille gehn.

6. Schildwache stehn, das brauchest du ja nicht.
Wenn dich d' Leut' fragen, dann mußt du sagen:
Schatz, du bist mein, und ich bin dein.

(M und T: Volksgut)

Es geht ein' dunkle Wolk' herein

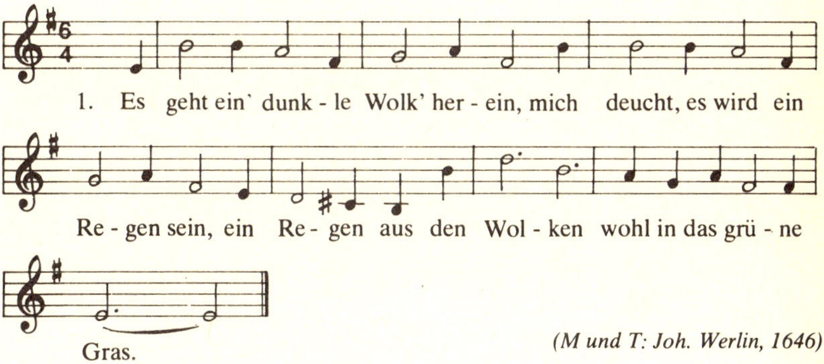

(M und T: Joh. Werlin, 1646)

2. Und scheinst du, liebe Sonn', nit bald,
So weset all's im grünen Wald;
Und all die müden Blumen,
Die haben müden Tod.

3. Es geht ein dunkle Wolk' herein;
Es soll und muß geschieden sein.
Ade, Feinslieb, dein Scheiden
Macht mir das Herze schwer.

Es ist bestimmt in Gottes Rat

(Gottes Rat und Scheiden)

(M: Felix Mendelssohn-Bartholdy, T: Ernst von Feuchtersleben)

2. So dir geschenkt ein Knösplein was,
So tu es in ein Wasserglas,
Doch wisse:
Blüht morgen dir ein Röslein auf,
Es welkt wohl schon die Nacht darauf,
Das wisse.

3. Und hat dir Gott ein Lieb beschert
Und hältst du sie recht innig wert,
Die Deine,
Es wird nur wenig Zeit wohl sein,
Da läßt sie dich so gar allein.
Dann weine.

Sag mir das Wort

(Lang, lang ist's her)

2. Denkst du der Seufzer, die ich um dich geklagt,
Lang, lang ist's her, lang, lang ist's her,
Als wir voll Schmerz ‚Lebewohl' uns gesagt?
Lang, lang ist's her, lang ist's her!
Kehre, o kehre doch bald mir zurück,
Du, all mein Sehnen, du, all mein Glück,
Daß mir wie einst lacht dein liebender Blick,
Lang, lang ist's her, lang ist's her!

(Auch in Deutschland volkstümlich gewordenes irisches Volkslied, T: W. Weidling)

Morgen muß ich fort von hier (Lebewohl)

2. Wenn zwei gute Freunde sind, die einander kennen,
Sonn' und Mond bewegen sich, ehe sie sich trennen.
Noch viel größer ist der Schmerz,
Wenn ein treu verliebtes Herz in die Fremde ziehet.

3. Dort auf jener grünen Au steht mein jung frisch Leben,
Soll ich denn mein Lebelang in der Fremde schweben?
Hab' ich dir was Leid's getan, bitt' dich, woll's vergessen,
Denn es geht zu Ende!

4. Küsset dir ein Lüftelein Wangen oder Hände,
Denke, daß es Seufzer sein, die ich zu dir sende!
Tausend schick' ich täglich aus,
Die da wehen um dein Haus, weil ich dein gedenke.

(M: Friedrich Silcher, T: Achim von Arnim)

Ich stund auf hohem Berge

(Gedenke mein)

2. Ich ging mit ihr lustwandeln,
Lustwandeln in den Wald;
Ich tat ihr etwas schenken,
Daran sie sollt' gedenken,
Von Gold, von Gold ein Ringelein.

3. Ein Ringelein zu schenken,
Das kostet nichts als Geld.
Der Ringlein und Dukaten,
Der kann man sich entraten,
Der sind, der sind noch in der Welt.

4. Leb wohl, mein fein Herzliebchen!
Es muß geschieden sein.
Wenn ich dann wiederkomme,
Soll es uns beiden frommen.
Feinslieb, Feinslieb, gedenke mein!

(M und T: Volksgut)

Das ist im Leben häßlich eingerichtet

(Behüt dich Gott, es wär' zu schön gewesen)

2. Leid, Neid und Haß, auch ich hab' sie empfunden,
Ein sturmgeprüfter müder Wandersmann.
Ich träumt' von Frieden dann und stillen Stunden,
Da führte mich der Weg zu dir hinan.
In deinen Armen wollt' ich ganz genesen,
Zum Danke dir mein junges Leben weihn:
Behüt dich Gott, es wär' zu schön gewesen,
Behüt dich Gott, es hat nicht sollen sein!

3. Die Wolken fliehn, der Wind saust durch die Blätter,
Ein Regenschauer zieht durch Wald und Feld,
Zum Abschiednehmen just das rechte Wetter,
Grau wie der Himmel steht vor mir die Welt.
Doch wend' es sich zum Guten oder Bösen,
Du schlanke Maid, in Treuen denk' ich dein!
Behüt dich Gott, es wär' zu schön gewesen,
Behüt dich Gott, es hat nicht sollen sein!

(M: V. E. Neßler, T: J. V. von Scheffel)

Es ritten drei Reiter zum Tore hinaus

(Drei Reiter am Tore)

2. Und der uns scheidet, das ist der Tod, ade!
Er scheidet so manches Mündlein rot, ade!
Er scheidet so manchen Mann vom Weib,
Die konnten sich machen viel Zeitvertreib.

3. Er scheidet das Kindlein in der Wiegen, ade!
Wann werd' ich mein schwarzbraunes Mädel doch kriegen, ade!
Und ist es nicht morgen, o wär' es doch heut!
Es macht' uns allbeiden gar große Freud'.

(M und T: Volksgut)

X.A.v.A.GABER. H.WANGER.SCULPS.

So leb' denn wohl, du stilles Haus

2. So leb' denn wohl, du schönes Land,
In dem ich hohe Freude fand;
Du zogst mich groß, du pflegtest mein,
Und nimmermehr vergess' ich dein.

3. So lebt denn, all ihr Lieben, wohl,
Von denen ich jetzt scheiden soll;
Und find' ich draußen auch mein Glück,
Denk' ich doch stets an euch zurück.

(M: W. Müller, T: F. Raimund)

Morgenrot, Morgenrot

(Reiters Morgenlied)

2. Kaum gedacht, kaum gedacht,
War der Lust ein End' gemacht.
Gestern noch auf stolzen Rossen,
Heute durch die Brust geschossen,
Morgen in das kühle Grab.

3. Ach, wie bald, ach, wie bald
Schwindet Schönheit und Gestalt!
Tust du stolz mit deinen Wangen,
Die wie Milch und Purpur prangen,
Ach, die Rosen welken all!

4. Darum still, darum still
Füg' ich mich, wie Gott es will.
Nun, so will ich wacker streiten,
Und sollt' ich den Tod erleiden,
Stirbt ein braver Reitersmann.

(M: Volksgut, T: Wilhelm Hauff)

Es wollt' ein Jäger jagen

(Der verschlafene Jäger)

(M und T: Volksgut)

2. Was begegnet ihm auf der Heide?
Ein Mädchen im weißen Kleide,
Die war so wunderschön.

3. Er tät das Mädchen wohl fragen,
Ob s' ihm wollt helfen jagen
Ein Hirschlein oder ein Reh.

4. „Ei, helfen jagen vermag ich nicht;
Ein ander Vergnügen versag' ich nicht,
Es sei auch was es sei."

5. Sie setzten sich beide zusammen
Und täten einander umfangen,
Bis daß der Tag anbrach.

6. „Steh auf, du fauler Jäger!
Die Sonne scheint über die Täler,
Ein Fräulein bin ich noch."

7. Das tät den Jäger verdrießen;
Er wollte das Mädchen erschießen,
Daß sie so reden tät.

8. Sie fiel dem Jäger zu Füßen,
Er sollt' sie doch nicht erschießen,
Er sollt' ihr verzeihen dies Wort.

9. Der Jäger, der tät sich bedenken,
Er wollte das Leben ihr schenken
Bis auf ein ander Mal.

10. Sie tät den Jäger wohl fragen,
Ob sie grün Kränzlein dürft' tragen
Auf ihrem goldgelben Haar.

11. „Grün Kränzlein sollst du nicht tragen,
Weiß Häublein sollst aufhaben
Wie andre jung Jägersfrau'n auch."

12. „Jetzt laß ich mein Härlein fliegen,
Ein' braven Burschen zu kriegen,
Dem Jäger zu Schand und Spott."

Ich hab' die Nacht geträumet

(Der schwere Traum)

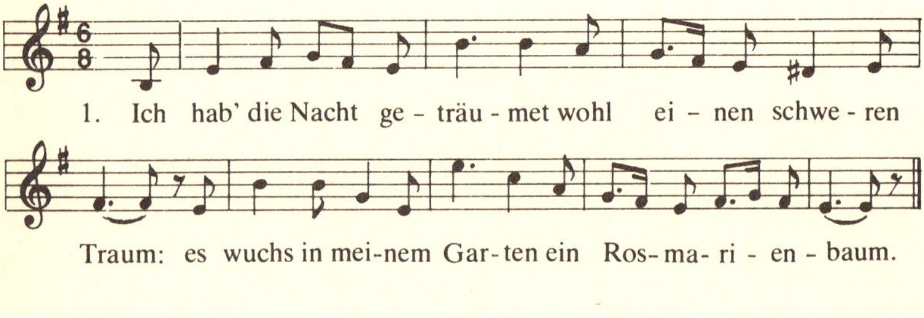

2. Ein Kirchhof war der Garten,
Ein Blumenbeet das Grab,
Und von dem grünen Baume
Fiel Kron' und Blüte ab.

3. Die Blätter tät' ich sammeln
In einen goldnen Krug;
Der fiel mir aus den Händen,
Daß er in Stücken schlug.

4. Draus sah ich Perlen rinnen
Und Tröpflein rosenrot.
Was mag der Traum bedeuten?
Ach Liebster, bist du tot?

(M und T: altes Volksgut)

Ich hört' ein Sichelein rauschen

2. „Laß rauschen, Lieb, laß rauschen,
Ich acht' nit, wie es geh';
Ich hab' mir ein'n Buhlen erworben
In Veiel und grünem Klee."

3. „Hast du einen Buhlen erworben
In Veiel und grünem Klee,
So steh' ich hier alleine,
Tut meinem Herzen weh."

(M: diese Fassung 1858 von Anton Wilhelm Florentin von Zuccalmaglio aufgezeichnet, T: die drei ursprünglich nicht zusammengehörigen Strophen von L. Uhland vereinigt)

Hier hab' ich so manches liebe Mal

(An der Weser)

(M: G. Pressel, T: F. Dingelstedt)

Es blies ein Jäger wohl in sein Horn

(Das schwarzbraune Mädel)

2. „Soll denn mein Blasen verloren sein,
Viel lieber wollt' ich kein Jäger sein."

3. Er zog sein Netz wohl übern Strauch,
Da sprang ein schwarzbrauns Mädel heraus.

4. „Ach schwarzbrauns Mädel, entspring mir nicht,
Ich habe große Hunde, die holen dich."

5. „Deine großen Hunde, die holen mich nicht,
Sie wissen meine hohen, weiten Sprünge noch nicht."

6. „Deine hohen, weiten Sprünge, die wissen sie wohl;
Sie wissen, daß du heute noch sterben sollst."

7. „Und sterbe ich nun, so bin ich tot,
Begräbt man mich unter die Rosen rot,

8. Wohl unter die Rosen, wohl unter den Klee;
Darunter vergeh' ich nimmermeh."

9. Es wuchsen drei Lilien auf ihrem Grab,
Es kam ein Reiter, wollt' sie brechen ab.

10. „Ach Reiter, laß die Lilien stahn,
Es soll sie ein junger frischer Jäger han."

(M und T: Volksgut)

Letzte Rose

2. Warum blühst du so traurig im Garten allein?
Sollst im Tod mit den Schwestern,
Mit den Schwestern vereinigt sein.
Drum pflück' ich, o Rose, vom Stamme,
Vom Stamme dich ab,
Sollst ruhen mir am Herzen und mit mir,
Ja mit mir im Grab.

(M: Volksweise, T: F. W. Riese nach Thomas Moore)

Wandern, ach wandern
(Der Rattenfänger)

(M: Adolf Neuendorff, T: Adolf Kunz)

2. Ratten und Mäuse fange ich ein,
Aber auch Mägdlein, herrlich und fein.
So eine Unschuld, lieblich und zart,
Küsse ich feurig nach Sängers Art.
Und will sie sich sträuben,
Halt' ich sie so warm,
Heiß liebend umschlungen, fest in meinem Arm,
Sing' flehend ihr leise von Minne ins Herz:
„Ach, hör doch, du Süße, lindre den Schmerz
Des fahrenden Sängers, von niemand gekannt,
Des Rattenfängers aus fernem Land!"

3. Geht es zu Ende, Sterben muß sein,
War ja im Leben immer allein.
Im Kampf ums Dasein froh war mein Sinn,
Drum geb' mein Leben freudig ich hin.
Herr Petrus im Himmel, er öffnet die Tür,
Er fraget die Engel: „Sagt, wen bringet ihr?"
Und sichtlich erfreut reicht mir Petrus die Hand:
„Sei mir gegrüßt du, sag, was ist dein Stand?"
„Ein fahrender Sänger, von niemand gekannt,
Ein Rattenfänger, das ist mein Stand!"

Liebchen, ade!
(Abschied)

2. Liebchen, ade!
Scheiden tut weh.
Wahre die Liebe dein,
Stets will ich treu dir sein!
Liebchen, ade!
Scheiden tut weh.

3. Liebchen, ade!
Scheiden tut weh.
Wein' nicht die Äuglein rot,
Trennt uns ja selbst kein Tod.
Liebchen, ade!
Scheiden tut weh.

(M und T: Volksgut)

Mein Schatz, der ist auf die Wanderschaft hin

(Heimlicher Liebe Pein)

2. Als ich mit mei'm Schatz in die Kirch' wollte gehn,
Viel falsche, falsche Zungen an der Türe stehn;
Die eine red't dies, die andre red't das,
Das macht mir gar oft die Äuglein naß.

3. Die Disteln und die Dornen, die stechen gar so sehr,
Die falschen, falschen Zungen aber noch viel mehr;
Kein Feuer auf Erden auch brennet also heiß,
Als heimliche Liebe, die niemand weiß.

4. Ach herzliebster Schatz, ich bitte dich noch eins:
Du wollest auch bei meinem Begräbnis sein,
Bei meinem Begräbnis bis ins kühle Grab,
Dieweil ich dich so treulich geliebet hab'.

5. Ach Gott, was hat mein Vater und Mutter getan!
Sie haben mich gezwungen zu 'nem ehlichen Mann,
Zu 'nem ehlichen Mann, den ich nicht geliebt,
Das macht mir ja mein Herz so gar betrübt.

(M und T: Volksgut)

Es kann mich nichts Schön'res erfreuen

(Falsche Liebe)

2. „Ach Schätzchen, was hab' ich erfahren,
Daß du willst scheiden von mir?
Willst ziehen fremde Landstraßen,
Wann kommest du wieder zu mir?"

3. Und als ich in fremde Land 'naus kam,
Gedacht' ich gleich wieder fort;
Ach wär' ich zu Hause geblieben
Und hätte gehalten mein Wort!

4. Und als ich nun wieder nach Hause kam,
Feinsliebchen stund hinter der Tür:
„Gott grüß dich, du Hübsche, du Feine!
Von Herzen gefallest du mir."

5. „Was brauch' ich denn dir zu gefallen?
Ich hab' ja schon längst einen Mann,
Dazu einen hübschen und reichen,
Der mich wohl ernähren kann."

6. Was zog er aus seiner Tasche?
Ein Messer, war scharf und spitz;
Er stach es Feinsliebchen ins Herze,
Das rote Blut gegen ihn spritzt.

7. Und als er es wieder heraußer zog,
Von Blute war es so rot:
„Ach großer Gott im Himmel,
Wie bitter ist mir der Tod!"

8. „So geht's, wenn zwei Knaben ein Mädel lieb hab'n,
Das tut dir gar selten gut;
Wir beide wir haben's erfahren,
Was falsche Liebe tut."

(M und T: Volksgut)

Jetz gang i ans Brünnele
(Drei Röselein)

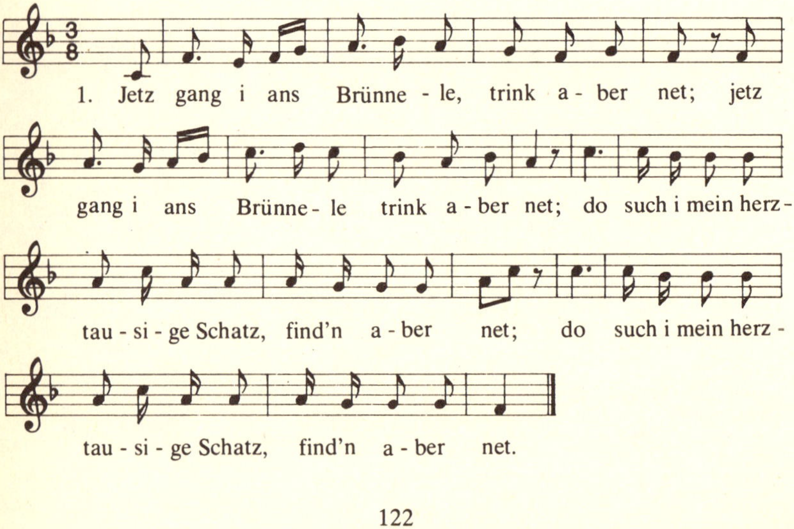

2. Do setz i mi so allein
Aufs grüne Gras;
Do falle drei Röselein
Mir in den Schoß.

3. Do laß i meine Äugelein
Um und um gehn;
Do siehn i mein herztausige Schatz
Bei em andre stehn.

4. Sie wirft ihn mit Röselein,
Treffen mich tut,
Sie meint, sie wär' ganz allein,
Das tut kein gut.

5. Und bei em andre stehe sehn,
Ach, das tut weh!
Jetz b'hüt di Gott, herztausiger Schatz!
Di b'sieh i nimme meh.

6. Jetz kauf i mir Dinten und
Fed'r und Papier,
Und schreib mei'm herztausige Schatz
Einen Abschiedsbrief.

7. „Was willst denn scho reise weg?
Hast jo no Zeit."
O b'hüt di Gott, herztausiger Schatz!
Meine Weg sind weit.

8. Jetz leg i mi nieder aufs
Heu und aufs Stroh,
Do falle drei Röselein
Mir in den Schoß.

9. Und diese drei Röselein
Sind blutigrot;
Jetz weiß i net, lebt mei Schatz
Oder ist er tot.

(M und T: Volksgut,
ursprünglich aus dem Remstal in Württemberg)

Ade zur guten Nacht

(M und T: Volksgut)

2. Es trauern Berg und Tal,
Wo ich vieltausendmal
Bin drüber gangen;
Das hat deine Schönheit gemacht,
Die mich zum Lieben gebracht
Mit großem Verlangen.

3. Das Brünnlein rinnt und rauscht
Wohl dort am Holderstrauch,
Wo wir gesessen.
Wie manchen Glockenschlag,
Da Herz bei Herzen lag,
Das hast du vergessen!

4. Die Mädchen in der Welt
Sind falscher als das Geld
Mit ihrem Lieben.
Ade zur guten Nacht!
Jetzt ist der Schluß gemacht,
Daß ich muß scheiden.

* = jetzt ist es entschieden

Im schönsten Wiesengrunde

2. Muß aus dem Tal jetzt scheiden, wo alles Lust und Klang;
Das ist mein herbstes Leiden, mein letzter Gang.
Dich, mein stilles Tal, grüß' ich tausendmal!
Das ist mein herbstes Leiden, mein letzter Gang.

3. Sterb' ich, in Tales Grunde will ich begraben sein;
Singt mir zur letzten Stunde beim Abendschein:
Dir, o stilles Tal, Gruß zum letztenmal!
Singt mir zur letzten Stunde beim Abendschein.

(M: Friedrich Silcher, T: Wilhelm Ganzhorn)

Ach, in Trauern muß ich leben
(Abschiedsklage)

(M und T: Volksgut)

2. Wo ich geh' auf Weg und Straße,
Sehen mir's die Leute an;
Meine Augen stehn voll Wasser
Und kein Wort mehr sprechen kann.

3. Vater und Mutter wollen's nicht leiden,
Schönster Schatz, das weißt du wohl;
Helf' dir Gott zu deinem Glücke,
Weil ich dich nicht haben soll!

4. Sind wir oft beisammen gesessen
Manche schöne halbe Nacht,
Haben den süßen Schlaf vergessen
Und mit Lieben zugebracht.

5. Spielet auf, ihr Musikanten,
Spielet mir ein Saitenspiel
Meinem Schätzchen zu Gefallen,
Weil ich Abschied nehmen will!

6. Rosmarin und Lorbeerblätter
Schenk' ich dir zu guter Letzt;
Das soll sein das letzt' Gedenken,
Weil du mich nochmals ergötzt.

7. Stehn zwei Sternlein an dem Himmel,
Leuchten heller als der Mond;
Einer leucht't zu mei'm Feinsliebchen,
Einer leucht't ins fremde Land.

K. OERTEL SC.

Zu Straßburg auf der Schanz'

2. Eine Stund' wohl in der Nacht
Haben's mich gefangen bracht;
Sie führten mich vor's Hauptmanns Haus:
O Himmel, was soll werden daraus.
Mit mir ist's aus.

3. Frühmorgens um zehn Uhr
Stellt man mich dem Regimente vor;
Da soll ich bitten um Pardon
Und werd doch kriegen meinen Lohn,
Das weiß ich schon.

4. Ihr Brüder allzumal,
Heut seht ihr mich zum letztenmal.
Unser Korporal, der g'strenge Mann,
Ist meines Todes schuld daran,
Den klag ich an.

5. Ihr Brüder alle drei,
Ich bitt', schießt all' zugleich.
Verschont mein junges Leben nicht,
Schießt, daß das rote Blut rausspritzt,
Das bitt' ich euch.

6. O Himmelskönigin,
Nimm du mein Seel dahin!
Nimm sie zu dir in' Himmel hinein,
Allwo die lieben Englein sein,
Und vergiß nicht mein.

(M und T: Volksgut)

Es fiel ein Reif in der Frühlingsnacht

(Blaublümelein)

2. Ein Jüngling hatte ein Mägdlein lieb,
Sie flohen gar heimlich von Hause fort,
Es wußt' nicht Vater noch Mutter.

3. Sie sind gewandert hin und her,
Sie haben gehabt weder Glück noch Stern,
Sie sind verdorben, gestorben.

4. Auf ihrem Grab Blaublümlein blühn,
Umschlingen sich zart wie sie im Grab,
Der Reif sie nicht welket, nicht dorret.

(M: nach einem elsässischen Volkslied, T: A. W. F. von Zuccalmaglio)

Brüderlein fein

2. Brüderlein fein, Brüderlein fein,
Sag mir nur, was fällt dir ein?
Brüderlein fein, Brüderlein fein,
Sag, was fällt dir ein?
Geld kann vieles in der Welt,
Jugend kauft man nicht ums Geld.
Brüderlein fein, Brüderlein fein,
's muß geschieden sein.

3. Brüderlein fein, Brüderlein fein,
Zärtlich muß geschieden sein!
Brüderlein fein, Brüderlein fein,
's muß geschieden sein!
Denk manchmal an mich zurück,
Schimpf nicht auf der Jugend Glück!
Brüderlein fein, Brüderlein fein,
Schlag zum Abschied ein!

(M: Josef Drechsler, T: Ferdinand Raimund)

Im Holderstrauch, im Holderstrauch
(Beim Holderstrauch)

2. Beim Holderstrauch, beim Holderstrauch
Wir saßen Hand in Hand,
Wir waren in der Maienzeit
Die Glücklichsten im Land;
Wir waren in der Maienzeit
Die Glücklichsten im Land.

3. Beim Holderstrauch, beim Holderstrauch,
Da mußt' geschieden sein.
Komm bald zurück, komm bald zurück,
Du Allerliebster mein;
Komm bald zurück, komm bald zurück,
Du Allerliebster mein!

4. Beim Holderstrauch, beim Holderstrauch,
Da weint ein Mägdlein sehr;
Der Vogel schweigt,
Der Holderstrauch, der blüht schon lang nicht mehr;
Der Vogel schweigt,
Der Holderstrauch, der blüht schon lang nicht mehr.

(M: Hermann Kirchner, T: Karl Römer)

HB

Jetzunder geht das Frühjahr an
(Untreue)

2. Es ist nichts Schön'res in der Welt
Als wie die Blümlein auf dem Feld,
Sie blühen weiß, blau, rot und gelb.

3. Und wenn sich alles lustig macht
Und ich auch gar nicht schlafen mag,
Geh' ich zum Schätzlein bei der Nacht.

4. Und zwischen Berg und tiefem Tal,
Da hört' ich schon die Nachtigall
An einem tiefen Wasserfall.

5. Und als ich vor's Schlaffenster ging,
Da hört' ich schon ein' andern drin,
Da sagt' ich, daß ich nicht mehr käm'.

6. „Ich hab' dich allzeit treu geliebt
Und dir dein Herz niemals betrübt,
Und du führst ein' so falsche Lieb'!"

7. Jetzt geh' ich in den grünen Wald,
Da such' ich meinen Aufenthalt,
Weil mir mein Schatz nicht mehr gefallt.

8. Und wenn ich über die Aue geh',
Da singt das Lerchlein in der Höh':
„Ade, du falscher Schatz, ade!"

9. Jetzt leg' ich mich ins Federbett,
Bis über die Ohren zugedeckt,
Bis mich ein andres Schätzlein weckt.

(M und T: Volksgut)

Es ist ein Schnitter, der heißt Tod

(Der Schnitter Tod)

2. Was heut noch grün und frisch dasteht,
Wird morgen hinweggemäht:
Die edlen Narzissen,
Die himmlischen Schlüssel,
Die schön' Hyazinthen,
Die türkischen Bünden:
Hüt dich, schön's Blümelein!

3. Viel hunderttausend ungezählt,
Da unter die Sichel fällt:
Rot Rosen, weiß Lilien,
Beid' wird er austilgen.
Ihr Kaiserkronen,
Man wird euch nicht schonen:
Hüt dich, schön's Blümelein!

4. Trutz Tod, komm her! Ich fürcht' dich nit.
Trutz, komm und tu ein'n Schnitt!
Wenn Sichel mich letzet,
So werd ich versetzet
In den himmlischen Garten.
Darauf will ich warten:
Freu dich, schön's Blümelein!

(M: Jacob Balde, T: nach einem „Fliegenden Blatt" aus dem Jahre 1638)

Was hab' ich denn meinem Feinsliebchen getan?

(Laß ab von der Liebe!)

2. Das macht halt ihr Stolz und hochmütiger Sinn,
Weil ich ihr nicht schön und nicht reich genug bin;
Und bin ich auch nicht schön und reich, so bin ich doch so jung
Herzallerliebstes Schätzelein, was kümmr' ich mich denn drum?

3. Jetzt will ich mein Herz auch nicht länger so quälen
Und will mir ein ander schön Schätzchen erwählen;
Wohl aus den Augen, wohl aus dem Sinn
Du närrisches Mädchen, fahr du nur immer hin!

4. Fahr immer nur hin! Ich halte dich nicht,
Ich hab' meinen Sinn auf ein' andre gericht',
Auf ein' andre gericht', auf ein' andre gewend't –
Viel besser, ich hätte dich niemals gekennt.

5. „Und hast du den Sinn auf ein' andre gericht',
Die Berge sind hoch, die ersteigest du nicht." –
Wie höher die Berge, wie tiefer das Tal!
Heut seh' ich mein Schätzelein zum allerletzten Mal.

6. „Ach junger Geselle, ich rate dir's nicht,
Die Wasser sind tief, die durchschwimmest du nicht;
Die stillen tiefen Wasser, die haben keinen Grund –
Laß ab von der Liebe, sie ist dir nicht gesund!"

(M und T: Volksgut)

's ist alles dunkel, 's ist alles trübe

(Woran ich meine Freude hab')

2. Was nutzet mir ein schöner Garten,
Wenn andre drin spazierengehn
Und pflücken mir die Röslein ab.
Woran ich meine, woran ich meine,
Woran ich meine Freude hab'.

3. Was nutzet mir ein schönes Mädchen,
Wenn andre immer bei ihr stehn
Und küssen ihr die Schönheit ab.
Woran ich meine, woran ich meine,
Woran ich meine Freude hab'.

4. Kirsch, Kümmel, Nelken hab' ich getrunken,
Bis daß ich nicht mehr trinken kann,
Und wenn ich nicht mehr trinken kann,
Dann kommen wohl die schwarzen Männer
Und legen mich ins kühle Grab.
Woran ich keine Freude hab'.
Woran ich keine, woran ich keine,
Woran ich keine Freude hab'.

5. So pflanzt mir denn auf meinem Grabe
Wohl Rosmarin und Thymian,
Damit ich was zu riechen hab'.
Woran ich meine, woran ich meine,
Woran ich meine Freude hab'.

(M und T: Volksgut)

Ehre sey Gott in der Höhe
Friede auf Erden.
A. GABER.

Zu Gottes und der Erden Preis

Die Luft ist blau

(M: Franz Schubert, T: Ludwig Christoph Heinrich Hölty)

2. Drum komme, wem der Mai gefällt,
Und schaue froh die schöne Welt
Und Gottes Vatergüte,
Die solche Pracht hervorgebracht,
Den Baum und seine Blüte.

Nun danket alle Gott

2. Der ewigreiche Gott
Woll' uns bei unserm Leben
Ein immer fröhlich Herz
Und edlen Frieden geben
Und uns in seiner Gnad'
Erhalten fort und fort
Und uns aus aller Not
Erlösen hier und dort.

3. Lob, Ehr' und Preis sei Gott,
Dem Vater und dem Sohne
Und dem, der beiden gleich
Im höchsten Himmelsthrone,
Dem dreimal einen Gott,
Wie es im Anfang war,
Und ist und bleiben wird
Jetzund und immerdar.

(M: Johann Crüger, T: Martin Rinckart)

Nun danket alle Gott!
LR
AG

Steht auf, ihr lieben Kinderlein

(M: Nikolaus Herman, T: Erasmus Alber)

2. Sei uns willkommen, schöner Stern,
Du bringst uns Christum, unsern Herrn,
Der unser lieber Heiland ist,
Darum du hoch zu loben bist.

3. Ihr Kinder sollt bei diesem Stern
Erkennen Christum, unsern Herrn,
Marien Sohn, den treuen Hort,
Der uns leuchtet mit seinem Wort.

4. Gott's Wort, du bist der Morgenstern,
Wir können dein gar nicht entbehrn,
Du mußt uns leuchten immerdar,
Sonst sitzen wir im Finstern gar.

5. Leucht uns mit deinem Glänzen klar
Und Jesum Christum offenbar';
Jag aus der Finsternis Gewalt,
Daß nicht die Lieb' in uns erkalt'.

6. Sei uns willkommen, lieber Tag,
Vor dir die Nacht nicht bleiben mag.
Leucht uns in unsre Herzen fein
Mit deinem himmelischen Schein.

7. O Jesu Christ, wir warten dein,
Dein heilig's Wort leucht' uns so fein.
Am End' der Welt bleib nicht lang aus
Und führ' uns in dein's Vaters Haus.

8. Du bist die liebe Sonne klar,
Wer an dich glaubt, der ist fürwahr
Ein Kind der ew'gen Seligkeit,
Die deinen Christen ist bereit'.

9. Wir danken dir, wir loben dich
Hier zeitlich und dort ewiglich
Für deine groß' Barmherzigkeit
Von nun an bis in Ewigkeit.

Grünet die Hoffnung
(Hoffnung)

2. Kummer und Plagen will ich verjagen,
Wer mich wird fragen, dem will ich sagen:
Grünet die Hoffnung, halb hab' ich gewonnen;
Blühet die Treue, so hab' ich gesiegt.

3. Hassen und Neiden muß ich zwar leiden,
Doch soll's die Freuden mir nicht verleiden.
Grünet die Hoffnung, halb hab' ich gewonnen;
Blühet die Treue, so hab' ich gesiegt.

4. Hoffnung wird bringen treulichen Dingen
Alles Gelingen, drum will ich singen:
Grünet die Hoffnung, halb hab' ich gewonnen;
Blühet die Treue, so hab' ich gesiegt.

(M und T: Jacob Kremberg)

Großer Gott, wir loben dich

(Der Ambrosianische Lobgesang)

2. Alles, was dich preisen kann
Cherubim und Seraphinen,
Stimmen dir ein Loblied an;
Alle Engel, die dir dienen,
Rufen dir in sel'ger Ruh'
„Heilig, heilig, heilig" zu.

3. Himmel, Erde, Luft und Meer
Sie verkünden deine Ehre;
Der Apostel glänzend Heer,
Der Propheten sel'ge Chöre
Und der Märtrer lichte Schar
Lobt und preist dich immerdar.

(M: Peter Ritter,
T: Nach dem altkirchlichen Te deum laudamus von Ignaz Franz)

AUG. GABER 1848.
LR

Geh aus, mein Herz, und suche Freud'

(Sommerlied)

2. Die Bäume stehen voller Laub,
Das Erdreich decket seinen Staub
Mit einem grünen Kleide;
Narzissen und die Tulipan,
Die ziehen sich viel schöner an
Als Salomonis Seide.

3. Die Lerche schwingt sich in die Luft,
Das Täubchen fliegt aus seiner Gruft
Und macht sich in die Wälder;
Die hochbegabte Nachtigall
Ergötzt und füllt mit ihrem Schall
Berg, Hügel, Tal und Felder.

4. Ich selber kann und mag nicht ruhn;
Des großen Gottes großes Tun
Erweckt mir alle Sinnen;
Ich singe mit, wenn alles singt,
Und lasse, was dem Höchsten klingt,
Aus meinem Herzen rinnen.

5. Ach, denk' ich, bist du hier so schön
Und läßt du's uns so lieblich gehn
Auf dieser armen Erden:
Was will doch wohl nach dieser Zeit
Dort in der reichen Ewigkeit
In deinem Himmel werden!

6. O wär ich da, o ständ' ich schon,
Ach süßer Gott, vor deinem Thron
Und trüge meine Palmen!
So wollt' ich nach der Engel Weis'
Erhöhen deines Namens Preis
Mit tausend schönen Psalmen.

(M: August E. Müller, T: Paul Gerhardt)

Was frag' ich viel nach Geld und Gut

2. So mancher schwimmt in Überfluß,
Hat Haus und Hof und Geld
Und ist doch immer voll Verdruß
Und freut sich nicht der Welt.
Je mehr er hat, je mehr er will,
Nie schweigen seine Klagen still.

3. Da heißt die Welt ein Jammertal
Und deucht mir doch so schön,
Hat Freuden ohne Maß und Zahl,
Läßt keinen leer ausgehn.
Das Käferlein, das Vögelein
Darf sich ja auch des Maien freun.

4. Und uns zuliebe schmücken ja
Sich Wiese, Berg und Wald,
Und Vögel singen fern und nah,
Daß alles widerhallt.
Bei Arbeit singt die Lerch' uns zu,
Die Nachtigall bei süßer Ruh'.

5. Und wenn die goldne Sonn' aufgeht,
Und golden wird die Welt,
Und alles in der Blüte steht,
Und Ähren trägt das Feld,
Dann denk' ich: Alle diese Pracht
Hat Gott zu meiner Lust gemacht.

6. Dann preis' ich Gott und lob' ich Gott
Und schweb' in hohem Mut
Und denk': Es ist ein lieber Gott,
Und meint's mit Menschen gut!
Drum will ich immer dankbar sein
Und mich der Güte Gottes freun.

(M: Christian Neefe, T: Johann M. Miller)

Wir treten mit Beten

(Dankgebet)

2. Im Streite zur Seite ist Gott uns gestanden,
Er wollte, es sollte das Reich siegreich sein;
Da ward, kaum begonnen, die Schlacht schon gewonnen,
Du, Gott, warst ja mit uns, der Sieg, er ward dein.

3. Wir loben dich oben, du Lenker der Schlachten,
Und flehen, mögst stehen uns fernerhin bei,
Daß deine Gemeinde nicht Opfer der Feinde,
Dein Name sei gelobet; o Herr, mach uns frei!

(M: nach einer alten Volksweise, T: Jos. Weyl)

Zum Lobe des ehrsamen Handwerks

Wer will fleißige Handwerker sehn

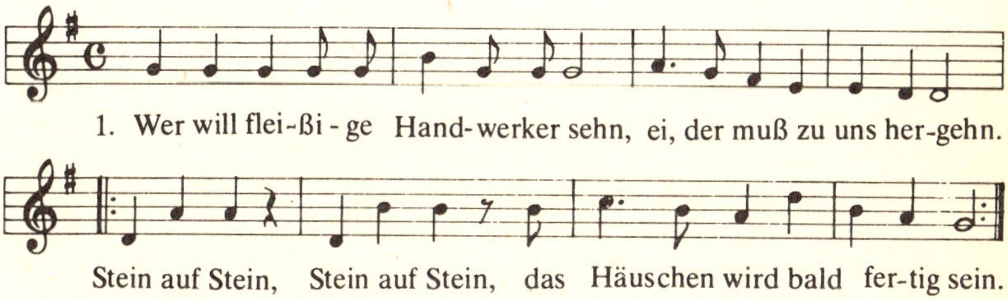

2. O wie fein, o wie fein,
Der Glaser setzt die Scheiben ein.

3. Tauchet ein, tauchet ein,
Der Maler streicht die Wände fein.

4. Zisch, zisch, zisch, zisch, zisch, zisch,
Der Tischler hobelt glatt den Tisch.

5. Poch, poch, poch, poch, poch, poch,
Der Schuster schustert zu das Loch.

6. Stich, stich, stich, stich, stich, stich,
Der Schneider näht ein Kleid für mich.

7. Rühre ein, rühre ein,
Der Kuchen wird bald fertig sein.

8. Trapp, trapp, drein – trapp, trapp, drein,
Jetzt gehn wir von der Arbeit heim.

(M und T: Volksgut)

Schneidri, schneidra, schneidrum

2. Ich Schneider bin ein Mann!
Kann einem neues Leben
Durch meine Arbeit geben,
Daß er passieren kann.
Ich Schneider bin ein Mann!

3. Ich sitz' und schau' mich um,
Als wenn ich Kaiser wäre,
Mein Szepter ist die Schere,
Mein Tisch das Kaisertum.
Ich sitz' und schau' mich um.

4. Spott keiner der Schneider mehr!
Man halte sie in Ehren,
Wenn keine Schneider wären,
Wir liefen nackt herum.
Schneidri, schneidra, schneidrum!

(M und T: nach F. W. von Ditfurth, Fränkische Volkslieder, 1855)

Johañ Meckerling
Schneider-Meister
J M
GABER

Glück auf, der Steiger kommt

(M und T: Volksgut, um 1700)

2. Schon angezünd't,
Es gibt ein'n Schein,
Und damit fahren wir
Ins Bergwerk 'nein.

3. Ins Bergwerk 'nein,
Wo Bergleut' sein;
Graben das Silber
Aus Felsengestein.

4. Der eine gräbt das Silber,
Der andre gräbt das Gold,
Und den schwarzbraunen Mägdelein,
Den'n sein sie hold.

Die Leineweber haben eine saubere Zunft

2. Die Leineweber nehmen keinen Lehrbuben an,
Der nicht sechs Wochen lang fasten kann.

3. Die Leineweber schlachten alle Jahr zwei Schwein',
Das eine ist gestohlen, und das andre ist nicht sein.

4. Die Leineweber haben ein Schifflein klein,
Da setzen sie Wanzen und die Flöhe hinein.

5. Die Leineweber machen eine saubere Musik,
Wie wenn zwölf Müllerwagen fahren über die Brück'.

(M und T: Volksgut aus Schlesien)

Wie machen's denn die Advokaten

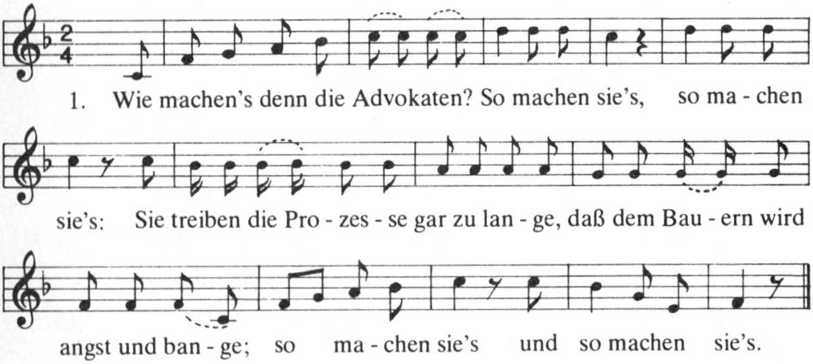

2. Wie machen's denn die Bäcker?
So machen sie's, so machen sie's:
Sie backen die Semmel gar zu klein,
Und backen Leib und Seel' hinein.
So machen sie's und so machen sie's.

3. Wie machen's denn die Brauer?
So machen sie's, so machen sie's:
Sie machen ein bißchen Wasser warm
Und machen ein Bier, daß Gott erbarm.
So machen sie's und so machen sie's.

4. Wie machen's denn die Schuster?
So machen sie's, so machen sie's:
Sie ziehn das Leder in die Länge
Und machen die Schuhe gar zu enge.
So machen sie's und so machen sie's.

(M und T: Volksgut)

Da streiten sich die Leut' herum

(Hobellied)

2. Die Jugend will halt stets mit G'walt
In allem glücklich sein;
Doch wird man nur ein bisserl alt,
Da find't man sich schon drein.
Oft zankt mein Weib mit mir, o Graus,
Das bringt mich nicht in Wut;
Da klopf' ich meinen Hobel aus und denk':
Du brummst mir gut!

3. Zeigt sich der Tod einst, mit Verlaub,
Und zupft mich: „Brüderl, kumm!",
Da stell' ich mich im Anfang taub
Und schau mich gar nicht um.
Doch sagt er: „Lieber Valentin,
Mach' keine Umständ', geh!",
Da leg' ich meinen Hobel hin
Und sag' der Welt ade.

(M: Konradin Kreutzer, T: Ferdinand Raimund)

Es klappert die Mühle am rauschenden Bach

2. Flink laufen die Räder und drehen den Stein, klipp klapp!
Und mahlen den Weizen zu Mehl uns so fein, klipp klapp!
Der Bäcker dann Zwieback und Kuchen draus bäckt,
Der immer den Kindern besonders gut schmeckt.
Klipp klapp, klipp klapp, klipp klapp!

3. Wenn reichliche Körner das Ackerfeld trägt, klipp klapp!
Die Mühle dann flink ihre Räder bewegt, klipp klapp!
Und schenkt uns der Himmel nur immerdar Brot,
So sind wir geborgen und leiden nicht Not.
Klipp klapp, klipp klapp, klipp klapp!

(M: Volksgut, T: Ernst Anschütz)

Es wollt' ein Schneider wandern

(Schneiders Höllenfahrt)

(M und T: Volksgut)

2. Sobald der Schneider in d' Höllen kam,
Nahm er seinen Ellenstab,
Er schlug den Teufeln die Buckel voll,
Die Teufel auf und ab.
„He, he, du Schneiderg'sell!
Mußt wieder aus der Höll';
Wir brauchen nicht das Messen,
Es gehe, wie es wöll."

. Nachdem er all' gemessen hatt',
Nahm er sein' lange Scher'
Und stutzt den Teufeln d' Schwänzlein ab,
Sie hüpfen hin und her.
„He, he, du Schneiderg'sell!
Pack dich nur aus der Höll';
Wir brauchen nicht das Stutzen,
Es gehe, wie es wöll."

Da zog er's Bügeleisen 'raus
Und warf es in das Feuer,
Er streicht den Teufeln d' Falten aus,
Sie schrien ungeheuer:
„He, he, du Schneiderg'sell!
Geh du nur aus der Höll';
Wir brauchen nicht das Bügeln,
Es gehe, wie es wöll."

Er nahm den Pfriemen aus dem Sack
Und stach sie in die Köpf',
Er sagt: „Halt still, ich bin schon da,
So setzt man bei uns Knöpf'."
„He, he, du Schneiderg'sell!
Geh einmal aus der Höll';
Wir brauchen keine Kleider,
Es gehe, wie es wöll."

6. Drauf nahm er Nadel und Fingerhut
Und fängt zu stechen an,
Er flickt den Teufeln d' Naslöcher zu,
So eng er immer kann.
„He, he, du Schneiderg'sell!
Pack dich nur aus der Höll';
Wir können nimmer riechen,
Es gehe, wie es wöll."

7. Darauf fängt er zu schneiden an,
Das Ding hat ziemlich brennt,
Er hat den Teufeln mit Gewalt
Die Ohrlappen aufgetrennt.
„He, he, du Schneiderg'sell,
Marschier nur aus der Höll';
Sonst brauchen wir den Bader,
Es gehe, wie es wöll."

8. Nach diesem kam der Luzifer
Und sagt: „Es ist ein Graus,
Kein Teufel hat kein Schwänzerl meh
Jagt ihn zur Höll' hinaus!"
„He, he, du Schneiderg'sell,
Pack dich nur aus der Höll';
Wir brauchen keine Kleider,
Es gehe, wie es wöll."

9. Nachdem er nun hat aufgepackt,
Da war ihm erst recht wohl,
Er hüpft und springet unverzagt,
Lacht sich den Buckel voll.
Ging eilends aus der Höll'
Und blieb ein Schneiderg'sell;
Drum holt der Teufel kein' Schneider mehr,
Er stehl', soviel er wöll.

W. OBERHADEN. sc.

Im Wald und auf der Heide

Mit dem Pfeil, dem Bogen

2. Wie im Reich der Lüfte
König ist der Weih,
Durch Gebirg und Klüfte
Herrscht der Schütze frei.

3. Ihm gehört das Weite,
Was sein Pfeil erreicht,
Das ist seine Beute,
Was da fleucht und kreucht.

(M: Anselm Weber, T: Friedrich von Schiller)

Im Wald und auf der Heide
(Jägerleben)

2. Trag' ich in meiner Tasche
Ein Trünklein in der Flasche,
Zwei Bissen liebes Brot;
Brennt lustig meine Pfeife,
Wenn ich den Forst durchstreife,
Da hat es keine Not.
Halli, hallo, halli, hallo,
Da hat es keine Not.

3. Im Walde hingestrecket,
Den Tisch mit Moos mir decket
Die freundliche Natur.
Den treuen Hund zur Seite,
Ich mir das Mahl bereite
Auf Gottes freier Flur.
Halli, hallo, halli, hallo,
Auf Gottes freier Flur.

4. Das Huhn im schnellen Fluge,
Die Schnepf' im Zickzackzuge
Treff' ich mit Sicherheit;
Die Sauen, Reh' und Hirsche
Erleg' ich auf der Pirsche,
Der Fuchs läßt mir sein Kleid.
Halli, hallo, halli, hallo,
Der Fuchs läßt mir sein Kleid.

5. Und streich' ich durch die Wälder,
Und zieh' ich durch die Felder,
Einsam den vollen Tag,
Da schwinden mir die Stunden
Gleich flüchtigen Sekunden,
Tracht' ich dem Wilde nach.
Halli, hallo, halli, hallo,
Tracht' ich dem Wilde nach.

6. Wenn sich die Sonne neiget,
Der feuchte Nebel steiget,
Mein Tagwerk ist getan.
Dann zieh' ich von der Heide
Zur häuslich stillen Freude,
Ein froher Jägersmann.
Halli, hallo, halli, hallo,
Ein froher Jägersmann.

(M: F. L. Gehricke, 1827,
T: Wilhelm
Bornemann, 1816)

Sah ein Knab' ein Röslein stehn

(Heidenröslein)

2. Knabe sprach: „Ich breche dich,
Röslein auf der Heiden."
Röslein sprach: „Ich steche dich,
Daß du ewig denkst an mich,
Und ich will's nicht leiden."

3. Und der wilde Knabe brach
's Röslein auf der Heiden;
Röslein wehrte sich und stach,
Half ihm doch kein Weh und Ach,
Mußt' es eben leiden.

(M: Heinrich Werner, T: J. W. von Goethe)

Vöglein im hohen Baum

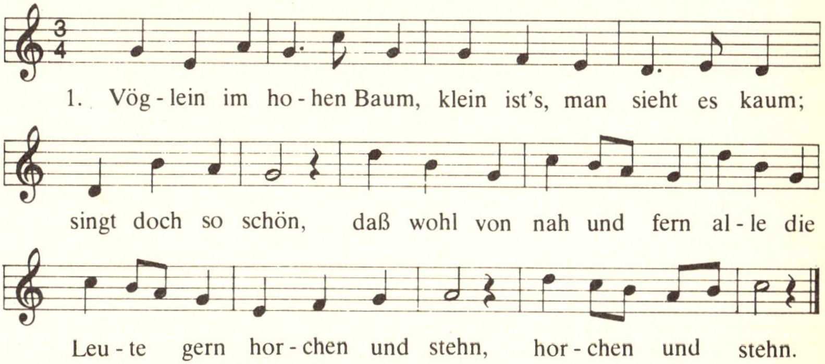

2. Blümlein im Wiesengrund
Blühen so lieb und bunt,
Tausend zugleich.
Wenn ihr vorübergeht,
Wenn ihr die Farben seht,
Freuet ihr euch, freuet ihr euch.

3. Wässerlein fließt so fort
Immer von Ort zu Ort
Nieder ins Tal.
Dürsten nun Mensch und Vieh,
Kommen zum Bächlein sie,
Trinken zumal, trinken zumal.

4. Habt ihr es auch bedacht,
Wer hat so schön gemacht
Alle die drei?
Gott der Herr machte sie,
Daß sich nun spät und früh
Jeder dran freu', jeder dran freu'.

(M: Friedrich Silcher, T: Wilhelm Hey)

O Täler weit, o Höhen

(Abschied vom Walde)

2. Im Walde steht geschrieben ein stilles, ernstes Wort
Von rechtem Tun und Lieben, und was der Menschen Hort.
Ich habe treu gelesen die Worte schlicht und wahr,
Und durch mein ganzes Wesen ward's unaussprechlich klar.

3. Bald werd' ich dich verlassen, fremd in die Fremde gehn,
Auf buntbewegten Gassen des Lebens Schauspiel sehn,
Und mitten in dem Leben wird deines Ernst's Gewalt
Mich Einsamen erheben: so wird mein Herz nicht alt.

(M: Felix Mendelssohn-Bartholdy, T: Joseph von Eichendorff)

Ein Veilchen auf der Wiese stand

(Das Veilchen)

2. „Ach“, denkt das Veilchen, „wär’ ich nur
Die schönste Blume der Natur,
Ach, nur ein kleines Weilchen,
Bis mich das Liebchen abgepflückt
Und an dem Busen mattgedrückt!
Ach nur, ach nur ein Viertelstündchen lang!“

3. Ach, aber ach, das Mädchen kam
Und nicht in acht das Veilchen nahm,
Zertrat das arme Veilchen.
Es sank und starb und freut’ sich noch:
„Und sterb’ ich denn, so sterb’ ich doch
Durch sie, durch sie, zu ihren Füßen doch!“

(M: J. F. Reichardt, T: J. W. von Goethe)

Ich bin ein freier Wildbretschütz

2. Soweit der blaue Himmel reicht,
Gehört mir alle Pirsch. So - Pirsch.
Auf Fuchs und Has' und Haselhuhn,
Auf Rehbock und auf Hirsch.

3. Doch weiß ich ein feins Mägdelein,
Auf das ich lieber pirsch'. Doch-pirsch'.
Viel lieber als auf Has' und Huhn,
Auf Rehbock und auf Hirsch.

4. Und daß sie einem andern gehört,
Macht keine Sorge mir.
Ich bin ein freier Wildbretschütz
Und hab' ein weit Revier.

(M: Volksweise, T: H. Löns)

HENNEBERG.

Ich schieß' den Hirsch im wilden Forst

(Jägers Liebeslied)

2. Kampiere oft zur Winterzeit
In Sturm und Wetternacht,
Hab' überreift und überschneit
Den Stein zum Bett gemacht;
Auf Dornen schlief ich wie auf Flaum,
Vom Nordwind unberührt –
Und dennoch hat die harte Brust
Die Liebe auch gespürt.

3. Der wilde Falk' ist mein Gesell,
Der Wolf mein Kampfgespan;
Der Tag geht mir mit Hundsgebell,
Die Nacht mit Hussa an.
Ein Tannreis schmückt statt Blumenzier
Den schweißbefleckten Hut –
Und dennoch schlug die Liebe mir
Ins wilde Jägerblut.

(M: Volksgut, T: Franz von Schober)

Ein Jäger aus Kurpfalz

2. Auf, sattelt mir mein Pferd
Und legt darauf den Mantelsack,
So reit' ich weit umher
Als Jäger aus Kurpfalz.
Ju - ja, ju - ja,
Gar lustig ist die Jägerei
Allhier auf grüner Heid'!

3. Hubertus auf der Jagd
Der schoß ein'n Hirsch und einen Has',
Er traf ein Mägdlein an,
Und das war achtzehn Jahr'.
Ju - ja, ju - ja,
Gar lustig ist die Jägerei
Allhier auf grüner Heid'!

4. Des Jägers seine Lust,
Die hat der Herr noch nicht gewußt,
Wie man das Wildbret schießt,
Schießt's in die Bein' hinein,
Ju - ja, ju - ja,
Da muß das Tier getroffen sein
Allhier auf grüner Heid'!

5. Jetzt reit' ich nicht mehr heim,
Bis daß der Kuckuck „Kuckuck" schreit,
Er schreit die ganze Nacht,
Hab' mich zu mein' Schatz g'macht,
Ju - ja, ju - ja,
Und bleib' bei ihr die ganze Nacht,
Bis daß der Kuckuck schreit.

(M und T: Volksgut)

Ich ging im Walde so für mich hin
(Gefunden)

(M: Volksweise, T: J. W. von Goethe)

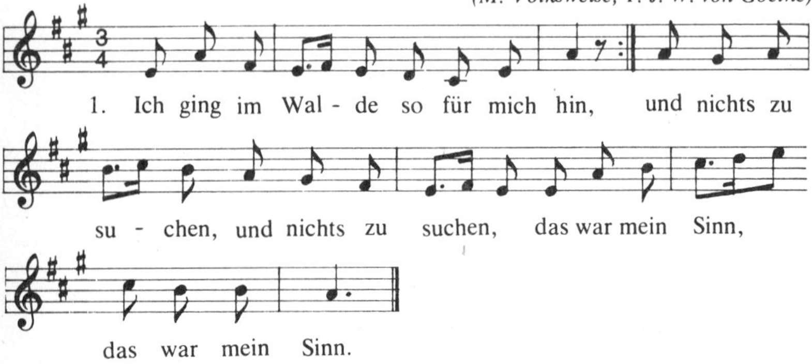

2. Im Schatten sah ich ein Blümchen stehn,
Wie Sterne leuchtend, wie Äuglein schön.

3. Ich wollt's es brechen, da sagt' es fein:
„Soll ich zum Welken gebrochen sein?"

4. Ich grub's mit allen den Würzlein aus,
Zum Garten trug ich's am hübschen Haus,

5. Und pflanzt' es wieder am stillen Ort;
Nun zweigt es immer und blüht so fort.

Es gingen drei Jäger wohl auf die Pirsch
(Der weiße Hirsch)

2. Sie legten sich unter den Tannenbaum,
Da hatten die drei einen seltsamen Traum.

Der erste:
3. Mir hat geträumt, ich klopf' auf den Busch,
Da rauschte der Hirsch heraus, husch, husch!

Der zweite:
4. Und als er sprang mit der Hunde Geklaff,
Da brannt' ich ihn auf das Fell, piff paff!

Der dritte:
5. Und als ich den Hirsch an der Erde sah,
Da stieß ich lustig ins Horn, trara!

6. So lagen sie da und sprachen, die drei:
Da rannte der weiße Hirsch vorbei.

7. Und eh' die drei Jäger ihn recht gesehn,
So war er davon über Tiefen und Höhn.
Husch husch! Piff paff! Trara!

(M: Volksgut, T: Ludwig Uhland)

Ich ging durch einen grasgrünen Wald
(Abendgang)

2. Stimm an, stimm an, Frau Nachtigall,
Sing mir von meinem Feinsliebchen!
Sing mir es so hübsch, sing mir es so fein!
Zu Abend da will ich bei ihr sein,
Will küssen ihr rotes Mündchen.

3. Der Tag verging, die Nacht brach an,
Feinsliebchen, das kam gegangen.
Er klopfte so leise mit seinem Ring:
„Mach auf, mach auf, herzliebstes Kind!
Ich habe schon lange gestanden."

4. „So lange gestanden, das hast du nicht,
Ich habe ja noch nicht geschlafen;
Hab' immer gedacht in meinem Sinn:
Wo ist mein allerliebst' Schätzchen hin?
Wo bist du so lange geblieben?"

5. „Wo ich so lange geblieben bin,
Das kann ich dir, Schätzchen, wohl sagen:
Wohl bei dem Bier, wohl bei dem Wein,
Allwo die schönen Jungfräulein sein,
Da bin ich auch allzeit gerne."

6. Ihr Jungfern, nehmt euch wohl in acht
Und traut keinem Junggesellen!
Sie versprechen euch viel und halten's nicht,
Sie führen euch alle nur hinters Licht
Und tun sich nur immer verstellen.

(M und T: Volksgut, wohl aus Hessen)

In der Heimat ist es schön

2. In der Heimat ist es schön,
Wo die Lüfte lauer wehn,
Wo ins Tal so silberhelle
Sich ergießt die Felsenquelle,
Wo der Eltern Häuser stehn:
In der Heimat ist es schön!

3. In der Heimat ist es schön,
Könnt' ich sie bald wiedersehn,
Um im Kreise meiner Teuern
Froh das Wiedersehn zu feiern;
Bald werd' ich sie wiedersehn:
In der Heimat ist es schön!

(M: Andreas Zöllner, T: K. Krebs)

Wer hat dich, du schöner Wald

(Der Jäger Abschied)

2. Tief die Welt verworren schallt;
Oben einsam Rehe grasen,
Und wir ziehen fort und blasen,
Daß es tausendfach verhallt,
Und wir ziehen fort und blasen,
Daß es tausendfach verhallt.
Lebe wohl usw.

3. Was wir still gelobt im Wald,
Wollen's draußen ehrlich halten,
Ewig bleiben treu die Alten,
Bis das letzte Lied verhallt,
Ewig bleiben treu die Alten,
Bis das letzte Lied verhallt.
Lebe wohl usw.
Schirm dich Gott, schirm dich Gott,
Du schöner Wald!

(M: Felix Mendelssohn-Bartholdy, T: Joseph von Eichendorff)

Wie lieblich schallt durch Busch und Wald

2. Und jeder Baum im weiten Raum
Dünkt uns wohl noch so grün.
Es wallt der Quell wohl noch so hell
Durchs Tal dahin, dahin.

3. Und jede Brust fühlt neue Lust.
Beim frohen Zwillingston.
Es flieht der Schmerz aus jedem Herz
Sogleich davon, davon.

(M: Friedrich Silcher, T: Christoph von Schmid)

Im grünen Wald, da wo die Drossel singt

(M und T: Volksgut)

2. Das Rehlein trank wohl aus dem klaren Bach, *klaren Bach,*
Derweil im Wald der muntre Kuckuck lacht, *Kuckuck lacht.*
Der Jäger zielt schon hinter einem Baum,
Das war des Rehleins letzter Lebenstraum.

3. Getroffen war's, und sterbend lag es da, *lag es da,*
Das man vorher noch munter hüpfen sah, *hüpfen sah,*
Da trat der Jäger aus des Waldes Saum
Und sprach: Das Leben ist ja nur ein Traum.

4. Schier achtzehn Jahre sind verflossen schon, *flossen schon,*
Die er verbracht' als junger Waidmannssohn, *Waidmannssohn,*
Er nahm die Büchse, schlug sie an ein' Baum
Und sprach: Das Leben ist ja nur ein Traum.

Auf, auf zum fröhlichen Jagen

2. Wir rüsten uns zum Streite
Und jagen Paar an Paar;
Die Hoffnung reicher Beute
Versüßet die Gefahr.
Wir weichen nicht zurücke,
Ob gleich ein wilder Bär,
Und noch ein großes Stücke
Nicht ferne von uns wär'.

3. Will gleich ein wilder Hauer
Mit seinen Waffen dräun,
Fängt man an ohne Schauer
„Hussa! Hussa!" zu schrein;
Damit das Ungeheuer,
Wenn es die Kugel brennt,
Schon nach empfangnem Feuer
In sein Verderben rennt.

4. Das edle Jägerleben
Vergnüget meine Brust,
Den kühnen Fang zu geben,
Ist meine größte Lust.
Wo Reh' und Hirsche springen,
Wo Rohr und Büchse knallt,
Wo Jägerhörner klingen,
Da ist mein Aufenthalt.

5. Frisch auf zum fröhlichen Hetzen,
Fort in das grüne Feld!
Wo man mit Garn und Netzen
Das Wild gefangen hält.
Auf, ladet eure Röhren
Mit Pulver und mit Blei
Und macht der Jagd zu Ehren
Ein fröhliches Geschrei!

6. Sind unsre matten Glieder
Vom Sonnenglanz erhitzt,
So legen wir uns nieder,
Wo frisches Wasser spritzt,
Wo Zephyrs sanftes Blasen
Der Sonne Glanz besiegt,
Da schläft man auf dem Rasen,
Mit Anmut eingewiegt.

7. Das Gras ist unser Bette,
Der Wald ist unser Haus,
Wir trinken um die Wette
Das klare Wasser aus.
Laßt drum die Faulen liegen,
Gönnt ihnen ihre Ruh':
Wir jagen mit Vergnügen
Dem schönen Walde zu.

8. Ein weibliches Gemüte
Hüllt sich in Federn ein,
Ein tapferes Jagdgeblüte
Muß nicht so träge sein.
Drum laßt die Faulen liegen,
Gönnt ihnen ihre Ruh';
Wir jagen mit Vergnügen
Dem dicken Walde zu.

9. Frisch auf, ihr lieben Brüder,
Ergreifet das Geschoß!
Auf, legt die Winde nieder
Und geht aufs Wildbret los!
Erfrischt die matten Hunde
Durch frohen Zuruf an,
Und ruft aus vollem Munde
So viel ein jeder kann!

10. Will gleich zu manchen Zeiten
Blitz, Wetter, Sturm und Wind
Einander widerstreiten,
Die uns zuwider sind,
So sind wir ohne Schrecken
Bei allem Ungemach,
Und jagen durch die Hecken
Den schnellen Hirschen nach.

(M: Volksgut
nach einem französischen Jagdlied,
T: Gottfried Benjamin Hancke)

Der Jäger längs dem Weiher ging

(M und T: Volksgut)

2. Was raschelt in dem Grase dort? Lauf, Jäger, lauf!
Was flüstert leise fort und fort? Lauf, Jäger, lauf!

3. Was ist das für ein Untier doch? Lauf, Jäger, lauf!
Hat Ohren wie ein Blocksberg hoch! Lauf, Jäger, lauf!

4. Das muß fürwahr ein Kobold sein! Lauf, Jäger, lauf!
Hat Augen wie Karfunkelstein! Lauf, Jäger, lauf!

5. Der Jäger furchtsam um sich schaut. Lauf, Jäger, lauf!
Jetzt will ich's wagen – o mir graut! Lauf, Jäger, lauf!

6. O Jäger, laß die Büchse ruhn. Lauf, Jäger, lauf!
Das Tier könnt' dir ein Leides tun! Lauf, Jäger, lauf!

7. Der Jäger lief zum Wald hinaus. Lauf, Jäger, lauf!
Verkroch sich flink im Jägerhaus. Lauf, Jäger, lauf!

8. Das Häschen spielt im Mondenschein. Lauf, Jäger, lauf!
Ihm leuchten froh die Äugelein. Lauf, Jäger, lauf!

Nachtigall, ich hör' dich singen

(Frau Nachtigall)

(M und T: Volksgut)

2. Nachtigall, ich seh' dich laufen,
Aus dem Bächlein tust du saufen;
Du tunkst dein klein Schnäblein ein,
Meinst, es wär' der beste Wein.

3. Nachtigall, wo ist gut wohnen?
In den Linden in den Kronen
Oder auf dem grünen Ast,
Wo du dein weich Bettlein hast?

4. Nachtigall, ich hör' dich wieder,
Deine wunderschönen Lieder;
Komm zu mir und sag mir's wohl,
Wie ich mich verhalten soll!

5. „Tu dein Herz in zwei Stück teilen,
Komm zu mir, ich will dir's heilen;
Schlag die Grillen aus dem Sinn!
Wo ist dein Herzliebster hin?"

6. Nachtigall, du tust ihn finden,
Flieg umher auf Berg' und Gründen;
Schwing dich auf, Frau Nachtigall,
Grüß mein Schatz vieltausendmal!

Ein Schäfermädchen weidete

2. Sie setzte sich ins weiche Gras
Und sprach gedankenvoll:
Ich will doch einmal sehn zum Spaß,
Wie lang ich leben soll!
Wohl bis zu hundert zählte sie,
Allein der Kuckuck immer schrie:
Kuckuck! Kuckuck! Kuckuck! Kuckuck! Kuckuck!

3. Da ward das Schäfermädchen toll
Sprang auf aus grünem Gras,
Nahm ihren Stab und lief voll Groll
Hin, wo der Kuckuck saß.
Herr Kuckuck merkt's und zog zum Glück
Sich schreiend in den Wald zurück.
Kuckuck! Kuckuck! Kuckuck! Kuckuck! Kuckuck!

4. Sie jagt ihn immer vor sich her,
Tief in den Wald hinein.
Doch wenn sie rückwärts kehrt, kam er
Mit Schreien hinterdrein.
Sie jagt ihn und verfolgt ihn weit,
Indes der Kuckuck immer schreit:
Kuckuck! Kuckuck! Kuckuck! Kuckuck! Kuckuck!

5. Sie lief in tiefsten Wald hinein:
Da ward sie müd und sprach:
Nun, meinetwegen magst du schrein!
Ich geh' nicht weiter nach.
Sie will zurück, da springt hervor
Ihr Schäfer und ruft ihr ins Ohr:
Kuckuck! Kuckuck! Kuckuck! Kuckuck! Kuckuck!

(M und T: Volksgut)

Waldeslust

1. Wal - des - lust! —— Wal - des - lust! ——
— O wie ein - sam schlägt die Brust! ——
Ihr lie - ben Vö - ge - lein, —— stimmt eu -
- re Lie - der ein —— und singt — aus vol - ler
1. Brust die Wal - des - lust! —— 2. Brust die Wal - des - lust! —

2. Waldeslust! Waldeslust!
O wie einsam schlägt die Brust!
Mein Vater kennt mich nicht,
Die Mutter liebt mich nicht
Und sterben mag ich nicht,
Bin noch so jung!

3. Waldeslust! Waldeslust!
O wie einsam schlägt die Brust!
In einer Sommernacht
Ist mir die Lieb' erwacht,
Mein Schatz ist weit von hier,
Was liegt daran!

4. Waldeslust! Waldeslust!
O wie einsam schlägt die Brust!
Kommt einst der Tod herbei,
Ist mir das einerlei,
Legt mich zur kühlen Ruh!
Und singt dazu!

(M und T: Volksgut)

Von Räubern und von armen Mädchen

Es wollt' ein Mägdlein tanzen gehn

(M und T: Volksgut)

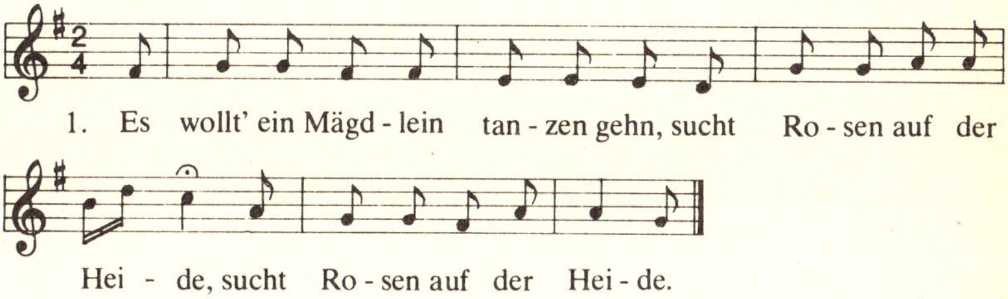

2. Was fand sie da am Wege stehn? Eine Hasel, die war grüne.
3. „Nun grüß dich Gott, Frau Haselin! Von was bist du so grüne?"
4. „Nun grüß dich Gott, fein's Mägdelein! Von was bist du so schöne?"
5. „Von was daß ich so schöne bin, das kann ich dir wohl sagen:
6. Ich ess' weiß's Brot, trink' kühlen Wein, davon bin ich so schöne."
7. „Ißt du weiß's Brot, trinkst kühlen Wein und bist davon so schöne,
8. Auf mich so fällt der kühle Tau, davon bin ich so grüne."
9. „Hüt dich, hüt dich, Frau Haselin, und tu dich wohl umschauen!
10. Ich hab' daheim zwei Brüder stolz, die wollen dich abhauen."
11. „Und haun sie mich im Winter ab, im Sommer grün' ich wieder;
12. Verliert ein Mägdlein ihren Kranz, den find't sie nie mehr wieder."

Es steht ein Baum im Odenwald

(Der Baum im Odenwald)

2. Da sitzt ein schöner Vogel drauf,
Der pfeift gar wunderschön;
Ich und mein Schätzlein horchen auf,
Wenn wir mit'nander gehn.

3. Der Vogel sitzt in seiner Ruh'
Wohl auf dem höchsten Zweig;
Und schauen wir dem Vogel zu,
So pfeift er alsogleich.

4. Der Vogel sitzt in seinem Nest
Wohl auf dem grünen Baum;
Ach Schätzlein bin ich bei dir g'west,
Oder ist es nur ein Traum?

5. Und als ich wiedrum kam zu dir,
Gehauen war der Baum;
Ein andrer Liebster steht bei ihr –
Wollt' Gott, es wär' ein Traum!

6. Der Baum, der steht im Odenwald,
Und ich bin in der Schweiz;
Da liegt der Schnee und ist so kalt,
Mein Herz es mir zerreißt.

(M: Johann Friedrich Reichardt, T: Volksgut)

Sabinchen

3. Sein Geld hat er versoffen
In Schnaps und auch in Bier,
Da kam er zu Sabinchen geloffen
Und wollte welches von ihr.

4. Sie konnte ihm keins nicht geben,
Da stahl sie auf der Stell'
Von ihrer guten Dienstherrschaft
Sechs silberne Blechlöffel.

5. Doch bald nach achtzehn Wochen,
Da kam der Diebstahl raus,
Da jagte man mit Schimpf und Schande
Sabinchen aus dem Haus.

6. Sie rief: „Verfluchter Schuster,
Du rabenschwarzer Hund!"
Da nahm er sein krummes Schustermesser
Und schnitt ihr ab den Schlund.

7. Ihr Blut tat hoch aufspritzen,
Sie fiel gleich um und um.
Der falsche Schuster aus Treuenbrietzen,
Der stand um ihr herum.

8. Sie tut die Glieder strecken
Nebst einem Todesschrei.
Den bösen Wicht tun jetzt einstecken
Zwei Mann der Polizei.

9. In Ketten und in Banden,
Bei Wasser und bei Brot,
Da hat er endlich eingestanden
Die schwarze Freveltot.

10. Und die Moral von der Geschicht'?
Trau keinem Schuster nicht!
Der Krug, der geht so lang zum Brunnen,
Bis daß der Henkel bricht.

(Moritaten-Parodie, etwa 1840 in Berlin entstanden)

Es ging ein Mägdlein grasen

(Wär' ich ein Knab' geboren)

2. Der Reiter breit't sein' Mantel
Wohl auf das grüne Gras,
Und bat das schwarzbraun' Mädchen,
Bis daß sie zu ihm saß.

3. „Was soll ich denn hier sitzen?
Ich hab' ja noch kein Gras;
Ich hab' eine schlimme Mutter,
Die schlägt mich alle Tag'."

4. „Hast du eine schlimme Mutter,
Die dich schlägt alle Tag',
So sag, du hätt'st dir geschnitten
Den halben Finger ab!"

5. „Ei, soll ich denn nun lügen?
Das steht mir gar nicht an;
Viel lieber will ich sagen:
Der Reiter will mich han."

6. „Ach Mutter, liebe Mutter,
Gebt ihr mir einen Rat:
Es geht mir alle Morgen
Ein stolzer Reiter nach."

7. „Ach Tochter, liebe Tochter,
Den Rat, den geb' ich dir:
Laß du den Reiter fahren
Bleib noch das Jahr bei mir!"

8. „Ach Mutter, liebe Mutter,
Der Rat, der ist nicht gut;
Der Reiter ist mir lieber
Als all eu'r Hab und Gut."

9. „Ist dir der Reiter lieber
Als all mein Hab und Gut,
So pack deine Kleider zusammen
Und lauf dem Reiter zu!"

10. „Ach Mutter, liebe Mutter,
Der Kleider sind nicht viel;
Gebt ihr mir tausend Taler,
So kauf' ich, was ich will."

11. „Ach Tochter, liebe Tochter,
Der Taler sind nicht viel:
Dein Vater hat's all verrauschct
Im Würfel- und Kartenspiel.“

12. „Hat sie mein Vater verrauschet
Im Würfel- und Kartenspiel,
So sei es Gott geklaget,
Daß ich ein Mägdlein bin!

13. Wär' ich ein Knab' geboren,
So zög ich mit ins Feld;
Die Trommel wollt' ich schlagen
Dem Kaiser für sein Geld.“

(M und T: Volksgut)

Es trieb ein Schäfer die Lämmlein aus

(Der Edelmann und der Schäfer)

2. Der Edelmann zog sein Hütlein herab
Und bot dem Schäfer einen guten Tag.

3. „Ach Edelmann, laß dein Hütlein stohn,
Ich bin ja ein armer Schäferssohn."

4. „Bist du ein armer Schäferssohn
Und gehst doch in Sammet und Seide herum?"

5. „Was geht es dich ruppigen Edelmann an,
Wenn mir's mein Vater bezahlen kann?"

6. Der Edelmann faßt' einen grimmigen Zorn
Und warf den Schäfer in'n tiefsten Turm.

7. Und als es dem Schäfer sein Vater erfuhr,
Sattelt' er sein Roß und ritt hinzu:

8. „Ach Edelmann, laßt mir meinen Sohn am Leb'n,
Dreihundert Dukaten, die will ich euch geb'n."

9. „Dreihundert Dukaten ist mir kein Wert,
Dein Sohn muß sterben wohl durch das Schwert."

10. Und als es dem Schäfer seine Mutter erfuhr,
Setzt' sie sich auf und fuhr hinzu:

11. „Ach Edelmann, laßt mir meinen Sohn am Leb'n,
Sechshundert Dukaten, die will ich euch geb'n."

12. „Sechshundert Dukaten ist mir kein Wert,
Euer Sohn muß sterben wohl durch das Schwert."

13. Und als es dem Schäfer seine Liebste erfuhr,
Schnürt' sie sich schlank und ging hinzu:

14. „Ach Edelmann, laßt mir meinen Schatz am Leb'n,
Das grüne Brautkränzlein, das will ich euch geb'n."

15. „Willst du mir das grüne Brautkränzlein geb'n,
So laß ich dir deinen Geliebten am Leb'n."

(M und T: Volksgut aus Brandenburg)

Ich ging emol spaziere

2. Sie sagt', sie tät' viel erbe,
   's war'n aber lauter Scherbe.

3. Sie sagt', sie hätt' viel Gulde,
   's war'n aber lauter Schulde.

4. Sie sagt', sie wär' von Adel,
   Ihr Vater führt die Nadel.

5. Sie sagt', ich sollt' sie küsse,
   Es braucht's niemand zu wisse.

6. Sie sagt', ich sollt' sie nehme,
   Sie macht' mir's recht bequeme.

7. Der Sommer ist gekomme,
   Ich hab' sie nicht genomme.

(M und T: Volksgut aus Hessen)

Gestern abend ging ich aus

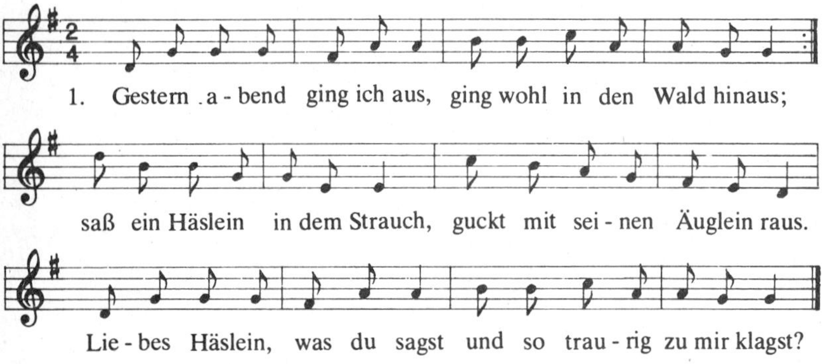

2. „Bist du nicht der Weidemann,
Hetz'st auf mich die Hunde an,
Wenn das Windspiel mich erschnappt
Und der Jäger mich ertappt?
Wenn ich an mein Schicksal denk',
Tut es mich von Herzen kränk'.

3. Wenn ich dann geschossen bin,
Trägt man mich zur Küche hin,
Legt man mich aufs Küchenbrett,
Spickt den Buckel wohl mit Speck,
Steckt den Spieß von hinten ein:
Ei, wie mag so grob man sein?!

4. Wenn ich dann gebraten bin,
Trägt man mich zur Tafel hin;
Der eine bricht mir's Bein entzwei,
Der andre schneid't sich ab sein Teil,
Der dritte nimmt sich's Allerbest'.
Laßt's euch schmecken, ihr werten Gäst'.

5. Ich armer Has', wie bin ich blaß!
Geh' dem Bau'r nicht mehr ins Gras,
Geh' dem Bau'r nicht mehr ins Kraut,
Hab's bezahlt mit meiner Haut!
Wenn das aber so soll sein,
Mag ich gar kein Häslein sein."

(M und T: Volksgut, wohl aus Schlesien)

Heinrich schlief bei seiner Neuvermählten

(Die Erscheinung in der Brautnacht)

(M: Volksgut, T: F. August Katzner)

2. Zwölfe schlug's, da drang durch die Gardine
Plötzlich eine weiße, kalte Hand.
Wen erblickt' er? Seine Wilhelmine,
Die im Sterbekleide vor ihm stand.

3. „Bebe nicht!" – sprach sie mit leiser Stimme,
„Ehmals mein Geliebter, bebe nicht!
Ich erscheine nicht vor dir im Grimme,
Deiner neuen Liebe fluch' ich nicht.

4. Zwar der Kummer hat mein junges Leben,
Trauter Heinrich, schmerzlich abgekürzt;
Doch der Himmel hat mir Kraft gegeben,
Daß ich nicht zur Hölle bin gestürzt.

5. Warum traut' ich deinen falschen Schwüren,
Baute fest auf Redlichkeit und Treu'?
Warum ließ ich mich durch Worte rühren,
Die du gabst aus lauter Heuchelei?

6. Weine nicht, denn eine Welt wie diese
Ist der Tränen, die du weinst, nicht wert;
Lebe froh und glücklich mit Elise,
Welche du zur Gattin hast begehrt.

7. Lebe froh und glücklich hier auf Erden,
Bis du einst vor Gottes Thron wirst stehn,
Wo du strenger wirst gerichtet werden,
Für die Liebe, die du konnt'st verschmähn!"

Es ging ein Jäger jagen

(Der Jäger und das Mädchen)

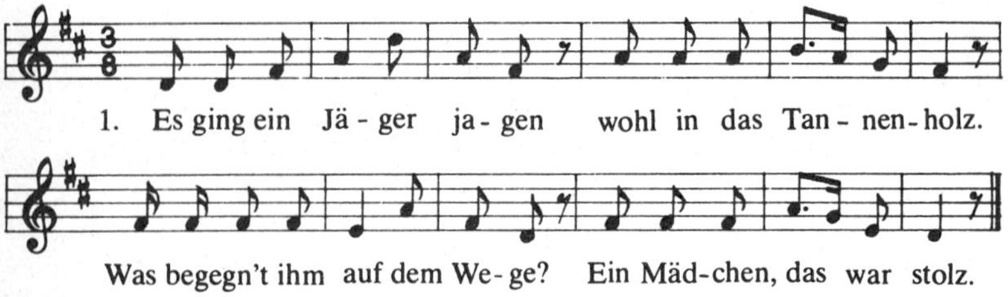

2. „Wohin, du Hübsch' und Feine?
Wohin, du Mädchen stolz?"
„Ich geh' zu meinem Vater
Wohl in das Tannenholz."

3. „Gehst du zu deinem Vater
Wohl in das Tannenholz,
Dein' Ehr', die sollst du lassen
Bei einem Jäger stolz!"

4. „Eh' ich mein' Ehr' wollt' lassen
Bei einem Jäger stolz,
Viel lieber will ich meiden
Das grüne Tannenholz."

5. Was zog er von sei'm Finger?
Von Gold ein Ringelein:
„Sieh da, du Hübsch' und Feine,
Das soll dein Denkmal sein."

6. „Was soll ich mit dem Ringlein,
Wenn du mein nicht werden sollst?"
„Leg du's in deinen Kasten,
Wohl in das Tannenholz!"

7. „Der Kasten ist verschlossen,
Der Schlüssel ist verlor'n:
Ich hab' in meinem Herzen
Ein' andern auserkor'n."

8. „Hast du in deinem Herzen
Ein' andern auserkor'n,
Ei, so mag sich Gott erbarmen,
Da bin ich ganz verlor'n!

9. „Ich geh' nicht aus den Stegen,
Ich geh' nicht aus der Stadt,
Bis ich mein' Schatz gesehen
Und ihn geküsset hab'!"

(M und T: Volksgut)

In des Waldes tiefsten Gründen
(Rinaldo Rinaldini)

2. „Rinaldini!" ruft sie schmeichelnd,
„Rinaldini, wache auf!
Deine Leute sind schon munter,
Längst schon ging die Sonne auf!"

3. Und er öffnet seine Augen,
Lächelt ihr den Morgengruß.
Sie sinkt sanft in seine Arme
Und erwidert seinen Kuß.

4. Draußen bellen laut die Hunde,
Alles strömet hin und her;
Jeder rüstet sich zum Streite,
Ladet doppelt sein Gewehr.

5. Und der Hauptmann, schon gerüstet,
Tritt nun mitten unter sie:
„Guten Morgen, Kameraden!
Sagt, was gibt's denn schon so früh?"

6. „Unsre Feinde sind gerüstet,
Ziehen gegen uns heran." –
„Nun wohlan! Sie sollen sehen,
Daß der Waldsohn fechten kann!

7. Laßt uns fallen oder siegen!"
Alle rufen: „Wohl, es sei!"
Und es tönen Berg und Wälder
Ringsumher vom Feldgeschrei.

8. Seht sie fechten, seht sie streiten,
Jetzt verdoppelt sich ihr Mut;
Aber ach! Sie müssen weichen,
Nur vergebens strömt ihr Blut.

9. Rinaldini, eingeschlossen,
Haut sich, mutig kämpfend, durch
Und erreicht im finstern Walde
Eine alte Felsenburg.

10. Zwischen hohen düstern Mauern
Lächelt ihm der Liebe Glück;
Es erheitert seine Seele
Dianorens Zauberblick.

11. Rinaldini, lieber Räuber!
Raubst den Weibern Herz und Ruh';
Ach, wie schrecklich in dem Kampfe,
Wie verliebt im Schloß bist du!

(M: Volksgut, T: Christian August Vulpius)

VLRICH · VND · ÆNNCHEN ·

Es ritt ein Ritter wohl durch das Ried

(Ulrich und Ännchen)

2. Das hört des Königs Töchterlein
Auf ihres Vaters Schlafkämmerlein:
„Wer ist, der so wunderschön singet?
Mit dem will ich von hinnen."

3. „Schöne Jungfrau, wollt ihr mit mir in' Wald?
Ich will euch lehren den Vogelsang,
Ein Lied von dreierlei Stimmen,
Der grüne Wald soll klingen!"

4. Sie ging auf ihre Schlafkammer
Und sucht' ihre Kleinod' zusammen;
Sie flocht ihr Härlein in Seiden,
Mit dem Ritter wollte sie reiten.

5. Er nahm die Jungfrau bei'm Gürtelschloß
Und schwang sie hinter sich auf sein Roß,
Er ritt gar eilend und balde
In einen stockfinsteren Walde.

6. Sie kamen zu einer Haselstaud',
Darauf da saß eine Turteltaub',
Die tät sich schmiegen und biegen:
„Schöne Jungfrau, laß dich nicht verführen!"

7. Sie ritten ein Stückchen weiter hin,
Sie kamen auf eine Wiese grün,
Zu einem kühlen Waldbrunnen;
Mit Blut war er umronnen.

8. Er spreit' seinen Mantel ins grüne Gras
Und bat sie, daß sie zu ihm saß;
Er legte sein Haupt in ihren Schoß,
Mit heißen Tränen sie ihn begoß.

9. Er schaut' ihr wohl unter die Augen:
„Feinsliebchen, was bist du so traurig?
Weinst du um deines Vaters Gut,
Oder bin ich dir nicht gut genug?"

10. „Ich wein' nicht um meines Vaters Gut,
Ich weine, daß ich sterben muß:
Dort oben in jener Tannen
Seh' ich elf Jungfräulein hangen."

11. „Weinst du um die elf Jungfräulein,
So sollst du bald die zwölfte sein."
„Soll ich denn nun die zwölfte sein,
So wollt mir noch drei Schrei' verleihn!"

12. Den ersten Schrei und den sie tat,
Da rief sie Gott im Himmel an;
Den andern Schrei und den sie tat,
Da rief sie ihren Vater an.

13. Den dritten Schrei und den sie tat,
Da rief sie ihren jüngsten Bruder an:
„Ach liebster Bruder, komm balde,
Hilf mir aus diesem Walde."

14. Ihr Bruder saß beim kühlen Wein,
Der Schrei, der fuhr zum Fenster hinein:
„Ach hört, ihr Brüder alle,
Meine Schwester schreit im Walde!" –

15. „Herr Ulrich, liebster Ulrich mein,
Wo hast du mein jüngstes Schwesterlein?"
„Dort oben auf jener Linden,
Schwarzbraune Seiden tut sie spinnen."

16. „Warum sind deine Schuh' so rot?
Sie sind gefärbt mit rotem Blut."
„Was sollen meine Schuh' nicht blutig sein?
Ich hab' geschossen ein Täubelein."

17. „Das Täublein, das du geschossen hast,
Das hat meine Mutter zur Welt gebracht;
Sie hat's erzogen mit Milch und Wein,
Es war mein jüngstes Schwesterlein."

18. Der Bruder zog aus sein scharfes Schwert
Und hieb seines Schwagers Haupt zur Erd':
„Jetzt lieg du hier und faule!
Kein Mensch wird um dich trauren."

19. Schön Ännchen kam ins kühle Grab,
Herr Ulrich kam aufs hohe Rad;
Um Ännchen klangen die Glocken fein,
Um Ulrich schrien die Raben allein.

(M und T: Volksgut)

Es wollt' ein Mägdlein früh aufstehn

(Der verwundete Knabe)

2. Und als sie nun in den Wald 'nein kam,
Da fand sie einen
Verwund'ten Knab'n.

3. Der Knab', der war von Blut so rot,
Und als sie sich verwandt',
War er schon tot.

4. Wo krieg' ich nun zwei Leidfräulein,
Die mir mein feines Lieb
Zu Grabe wein'n?

5. Wo krieg' ich nun sechs Reuterknab'n,
Die mir mein feines Lieb
Zu Grabe trag'n?

6. Wie lang soll ich denn trauern gehn?
Bis alle Wasser
Zusammengehn.

7. Ja, alle Wasser gehn nicht zusamm',
So wird mein Trauern
Kein Ende hab'n.

(M und T: Volksgut)

Es hatt' ein Bauer ein schönes Weib

(Der Mann ins Heu)

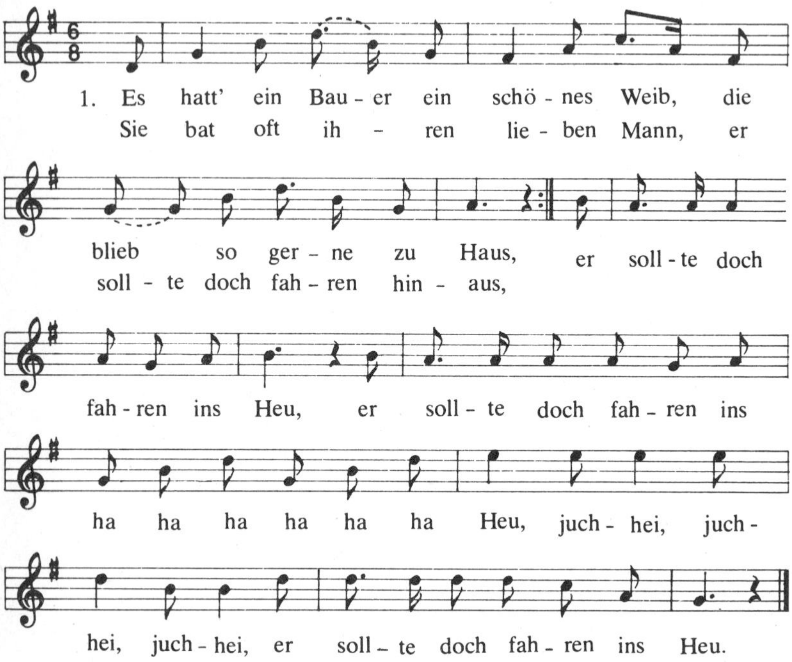

2. Der Mann, der dachte in seinem Sinn:
Die Reden, die sind gut!
Ich will mich hinter die Haustür stellen,
Will sehn, was meine Frau tut.
Will sagen, ich fahre ins Heu usw.

3. Da kommt geschlichen ein Reitersknecht
Zum jungen Weibe herein,
Und sie umfängt gar freundlich ihn,
Gab stracks ihren Willen darein;
„Mein Mann ist gefahren ins Heu" usw.

4. Er faßte sie um ihr Gürtelband
Und schwang sie wohl hin und her;
Der Mann, der hinter der Haustür stand,
Ganz zornig da trat er herfür:
„Ich bin noch nicht g'fahren ins Heu" usw.

5. „Ach trauter, herzallerliebster Mann,
Vergib mir diesen Fehl!
Ich will ja herzen und lieben dich,
Will kochen dir Mus und Mehl.
Ich dachte, du wärest ins Heu“ usw.

6. „Und wenn ich gleich gefahren wär’
Ins Heu und Haberstroh,
So sollst du nun und nimmermehr
Einen andern lieben also;
Da fahre der Teufel ins Heu!“ usw.

(M und T: Volksgut)

Ich stund auf hohen Bergen

(Die Nonne)

(M und T: Volksgut)

2. Der jüngste von den Grafen,
Der in dem Schifflein saß,
Gab mir einmal zu trinken
Den Wein aus seinem Glas.

3. Was zog er von dem Finger?
Ein goldnes Ringelein:
„Nimm hin, du Hübsch' und Feine,
Das soll mein Denkmal sein!"

4. „Was soll ich mit dem Ringe?
Bin gar ein junges Blut,
Dazu ein armes Mädchen,
Hab' weder Geld noch Gut."

5. „Bist du ein armes Mädchen,
Hast weder Geld noch Gut,
So denk an unsre Liebe,
Die zwischen uns beiden ruht!"

6. „Ich weiß von keiner Liebe,
Denk' auch an keinen Mann;
Ins Kloster will ich ziehen,
Will werden eine Nonn'."

7. „Willst du ins Kloster ziehen,
Willst werden eine Nonn',
So will ich die Welt durchreiten,
Bis daß ich zu dir komm'."

8. Es stund wohl an ein Vierteljahr,
Dem Grafen träumt's gar schwer,
Als ob sein herzallerliebster Schatz
Ins Kloster gangen wär'.

9. Der Herr sprach zu dem Knechte:
„Sattl' unser beider Pferd'!
Wir wollen reiten Berg und Tal,
Der Weg ist reitenswert."

10. Und als er kam vors Kloster,
Gar leise klopft er an:
„Wo ist die jüngste Nonne,
Die zuletzt ist kommen an?"

11. Es ist ja keine kommen,
Es kommt auch keine heraus.
„So will ich das Kloster anzünden,
Das schöne Gotteshaus."

12. Da kam sie hergeschritten,
Schneeweiß war sie bekleid't,
Ihr Haar war abgeschnitten,
Zur Nonn' war sie bereit.

13. Sie hieß den Herrn willkommen,
Willkommen im fremden Land:
„Wer hat euch heißen kommen?
Wer hat euch Boten gesandt?"

14. Der Graf wandt' sich voll Sehnen,
Die Red' ihn sehr verdroß,
Daß ihm die heiße Träne
Von seinen Wangen floß.

15. Was hat sie in den Händen?
Von Gold ein Becherlein;
Er hat kaum ausgetrunken,
Springt ihm sein Herz entzwei.

16. Mit ihren weißen Händen
Grub sie dem Grafen ein Grab,
Aus ihren schwarzbraun' Augen
Sie ihm das Weihwasser gab.

17. Mit ihrer schönen Stimme
Sang sie den Grabgesang,
Mit ihrer hellen Zunge
Schlug sie den Glockenklang.

Es stand eine Lind' im tiefen Tal
(Liebesprobe)

(M und T: Volksgut)

2. „Feinslieb, wir müssen voneinander,
Ich muß noch sieben Jahr' wandern." –
„Mußt du noch sieben Jahr' wandern,
Heirat' ich doch kein' andern."

3. Und als die sieben Jahr' um war'n,
Sie meint', ihr Liebster käme bald;
Sie ging wohl in den Garten,
Ihr Feinslieb zu erwarten.

4. Sie ging wohl unter die Linden,
Ob s' ihr Feinslieb möcht' finden;
Sie ging wohl in das grüne Holz,
Da begegnet' ihr ein Reiter stolz:

5. „Gott grüß dich, du Hübsch' und Feine!
Was machst du hier alleine?
Ist dir dein Vater und Mutter gram,
Oder hast du heimlich einen Mann?"

6. „Mein Vater und Mutter ist mir nicht gram,
Ich hab' auch heimlich keinen Mann;
Heut sind's drei Wochen über sieben Jahr',
Daß mein Feinslieb gewandert war."

7. „Gestern bin ich geritten durch eine Stadt,
Da hat dein Feinslieb Hochzeit gehabt.
Was tust du ihm denn wünschen an,
Daß er seine Treu' nicht gehalten hat?"

8. „Ich wünsch' ihm all das Beste,
So viel der Baum hat Äste;
Ich wünsch' ihm so viel gute Zeit,
So viel als Stern' am Himmel sein.

9. Ich wünsch' ihm so viel Ehre,
So viel als Sand am Meere;
Ich wünsch' ihm so viel Glück und Seg'n,
Als Tröpflein von dem Himmel regn'n."

10. Was zog er von dem Finger sein?
Ein'n Ring von rotem Golde fein;
Er warf den Ring in ihren Schoß,
Sie weinte, daß das Ringlein floß.

11. Was zog er aus seiner Taschen?
Ein Tuch, schneeweiß gewaschen:
„Trockn' ab, trockn' ab dein Äugelein,
Du sollst fürwahr mein eigen sein!

12. Ich tät' dich ja nur versuchen,
Ob du würd'st schwören und fluchen;
Hätt'st du ein' Fluch oder Schwur getan,
Von Stund an wär' ich geritten davon."

Der Jäger in dem grünen Wald

(Der Jäger)

(M und T: Volksgut)

2. Mein Hündelein ist stets bei mir
In diesem grünen Laubrevier;
Mein Hündlein wacht, mein Herz, das lacht,
Meine Augen leuchten hin und her.

3. Da ruft mir eine Stimme zu:
„Wo bist denn du, wo bist denn du?"
„Wie kommst du in den Wald hinein,
Du strahlenaugig Mägdelein?"

4. „Dich aufzuspüren, bin ich hier
In diesem grünen Laubrevier;
Ich ging im Wald wohl hin und her,
Ob auch kein Jäger drinnen wär'."

5. Ich küßte sie ganz herziglich
Und sprach: „Fürwahr, du bist für mich!
Bleib du bei mir als Jägerin
Solang als ich auf Erden bin!"

6. „Allein sollst du nicht wandeln hier
In diesem grünen Laubrevier;
Solang die Welt zusammenhält,
Sind wir zusammen in der Welt!"

Mariechen saß traurig im Garten

(Die Verlassenen)

2. Der Geier steigt über die Berge,
Die Möwe zieht stolz einher.
Es weht ein Wind von ferne,
Schon fallen die Tropfen schwer.
Schwer von Mariechens Wangen
Eine heiße Träne rinnt:
Sie hält in ihren Armen
Ein kleines, schlummerndes Kind.

3. „Hier liegst du so ruhig von Sinnen,
Du armer, verlassener Wurm!
Du träumest von künftigen Sorgen,
Die Bäume bewegt der Sturm.
Dein Vater hat dich verlassen,
Dich und die Mutter dein;
Drum sind wir arme Waisen
Auf dieser Welt allein.

4. Dein Vater lebt herrlich, in Freuden,
Gott lass' es ihm wohl ergehn!
Er gedenkt nicht an uns beide,
Will mich und dich nicht sehn.
Drum wollen wir uns beide
Hier stürzen in den See;
Dann bleiben wir verborgen
Vor Kummer, Ach und Weh!"

5. Da öffnet das Kind die Augen,
Blickt freundlich sie an und lacht;
Die Mutter, vor Freuden sie weinet,
Drückt's an ihr Herz mit Macht.
„Nein, nein, wir wollen leben,
Wir beide, du und ich!
Dem Vater sei's vergeben:
Wie glücklich machst du mich!"

(M: Volksgut, T: Joseph Christian Freiherr von Zedwitz)

Morgenlob und Abendlied

Abend wird es wieder

(M: J. Chr. H. Rinck, T: Hoffmann von Fallersleben)

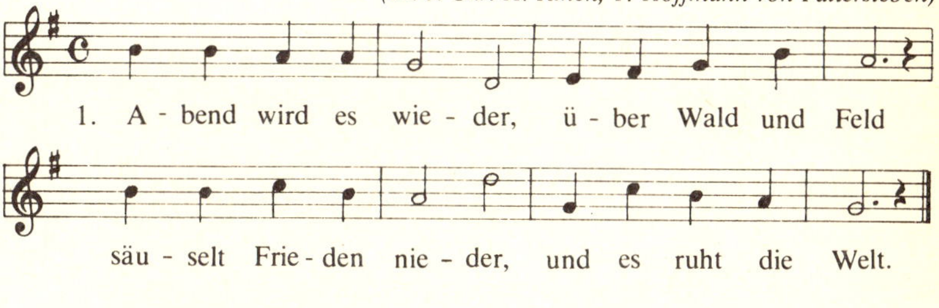

2. Nur der Bach ergießet
Sich am Felsen dort,
Und er braust und fließet
Immer, immer fort.

3. Und kein Abend bringet
Frieden ihm und Ruh',
Keine Glocke klinget
Ihm ein Rastlied zu.

4. So in deinem Streben
Bist, mein Herz, auch du.
Gott nur kann dir geben
Wahre Abendruh'.

Kein schöner Land in dieser Zeit

2. Da haben wir so manche Stund'
Gesessen da in stiller Rund'
Und taten singen;
Die Lieder klingen im Eichengrund.

3. Daß wir uns hier in diesem Tal
Noch treffen so viel hundertmal,
Gott mag es schenken,
Gott mag es lenken, er hat die Gnad'.

4. Nun, Brüder, eine gute Nacht!
Der Herr im hohen Himmel wacht.
In seiner Güten
Uns zu behüten, ist er bedacht.

(M: nach alten Volksliedern, T: A. W. F. von Zuccalmaglio)

F. REUSCHE

Haidl Bubaidl

2. Im Himmel, im Himmel sind Freuden so viel,
Da tanzen die Engel und halten ihr Spiel,
Halten ihr Spiel und tanzen gar schön,
Könnt's Kindel nur auf den Füßlein schon stehn.
Haidl, Haidl, Bubaidl!

3. Hab' ich mein Kinderl ins Wiegerl gelegt,
Hab' ich's mit schneeweiß'n Windeln zugedeckt;
's Kinderl g'hört mein, und's Wiegerl g'hört dein,
Und wenn d' eines hab'n willst, so schaff dir eins drein.
Haidl, Haidl, Bubaidl!

(M: A. Kretzschmer, T: A. W. F. von Zuccalmaglio)

Es wird schon gleich dunkel

2. Vergiß jetzt, o Kindlein,
Den Kummer, das Leid,
Das du da mußt leiden
Im Stall auf der Heid'.
Es zier'n ja die Engel
Dein' Lagerstatt aus,
's möcht' schöner nicht sein
Drin in König sein'm Haus.

3. Schließ zu deine Äuglein
In Ruh' und in Fried'
Und gib mir zum Abschied
Dein'n Seg'n noch grad mit.
Jetzt wird auch mein Schlafen
So sorgenlos sein,
Jetzt kann ich mich ruhig
Aufs Niederleg'n freun.

(M und T: Volksgut aus Tirol)

Schlaf, Kindlein, schlaf!

2. Schlaf, Kindlein, schlaf!
Am Himmel ziehn die Schaf':
Die Sternlein sind die Lämmerlein,
Der Mond der ist das Schäferlein.
Schlaf, Kindlein, schlaf!

3. Schlaf, Kindlein, schlaf!
So schenk' ich dir ein Schaf
Mit einer goldnen Schelle fein,
Das soll dein Spielgeselle sein.
Schlaf, Kindlein, schlaf!

4. Schlaf, Kindlein, schlaf,
Und blök nicht wie ein Schaf:
Sonst kommt des Schäfers Hündelein
Und beißt mein böses Kindelein.
Schlaf, Kindlein schlaf!

5. Schlaf, Kindlein, schlaf!
Geh fort und hüt die Schaf',
Geh fort, du schwarzes Hündelein
Und weck mir nicht mein Kindelein!
Schlaf, Kindlein, schlaf!

(M und T: Volksgut)

Der Mond ist aufgegangen
(Abendlied)

2. Wie ist die Welt so stille
Und in der Dämmrung Hülle
So traulich und so hold!
Als eine stille Kammer,
Wo ihr des Tages Jammer
Verschlafen und vergessen sollt!

3. Seht ihr den Mond dort stehen?
Er ist nur halb zu sehen
Und ist doch rund und schön.
So sind wohl manche Sachen,
Die wir getrost belachen,
Weil unsre Augen sie nicht sehn.

4. Gott, laß dein Heil uns schauen,
Auf nichts Vergänglichs trauen,
Nicht Eitelkeit uns freun!
Laß uns einfältig werden
Und vor dir hier auf Erden
Wie Kinder fromm und fröhlich sein!

(M: J. A. P. Schulz, T: Matthias Claudius)

Hört, ihr Herrn, und laßt euch sagen

2. Hört, ihr Herrn, und laßt euch sagen,
Unsre Glock' hat elf geschlagen:
Elf der Jünger blieben treu;
Hilf, daß wir im Tod ohn' Reu'!

3. Hört, ihr Herrn, und laßt euch sagen,
Unsre Glock' hat zwölf geschlagen:
Zwölf, das ist das Ziel der Zeit;
Mensch, bedenk die Ewigkeit!

4. Hört, ihr Herrn, und laßt euch sagen,
Unsre Glock' hat eins geschlagen:
Eins ist allein der ein'ge Gott,
Der uns trägt aus aller Not.

Chor:
Alle Sternlein müssen schwinden,
Und der Tag wird sich einfinden,
Danket Gott, der uns die Nacht
Hat so väterlich bewacht!

(M und T: Volksgut)

Schlaf, Herzenssöhnchen

(Wiegenlied)

2. Jetzt noch, mein Söhnchen, ist goldene Zeit;
Später, ach später ist's nimmer wie heut:
Stellen erst Sorgen ums Lager sich her,
Söhnchen, dann schläft sich's so ruhig nicht mehr.

3. Engel vom Himmel, so lieblich wie du,
Schweben ums Bettchen und lächeln dir zu;
Später zwar steigen sie auch noch herab,
Aber sie trocknen nur Tränen dir ab.

4. Schlaf, Herzenssöhnchen, und kommt gleich die Nacht,
Sitzt doch die Mutter am Bettchen und wacht;
Sei es so spät auch, und sei es so früh:
Mutterlieb', Herzchen, entschlummert doch nie!

(M: Carl Maria von Weber, T: F. K. Hiemer)

A. GABER

Guten Abend, gut' Nacht

(M: Johannes Brahms, T: 1. Strophe nach einem alten Volkslied aus „Des Knaben Wunderhorn", 2. Strophe von Georg Scherer, 1849)

2. Guten Abend, gut' Nacht,
Von Englein bewacht,
Die zeigen im Traum
Dir Christkindleins Baum.
Schlaf nun selig und süß,
Schau im Traum's Paradies.

Schlafe, mein Prinzchen!

(Wiegenlied)

2. Alles im Schlosse schon liegt
Tief in den Schlummer gewiegt,
Küche und Keller sind leer,
Es reget kein Mäuschen sich mehr.
Nur in der Zofe Gemach
Tönet ein schmachtendes „Ach!“
Was für ein „Ach“ mag das sein?
Schlafe, mein Prinzchen, schlaf ein!

3. Wer ist beglückter als du?
Nichts als Vergnügen und Ruh';
Zucker und Spielwerk vollauf
Und noch Karossen im Lauf:
Alles benutzt und bereit,
Daß nur mein Prinzchen nicht schreit.
Was wird da künftig erst sein?
Schlafe, mein Prinzchen, schlaf ein!

(M: angeblich von Mozart, jedoch vermutlich von Dr. Erich Fliess, T: Volksgut)

1855. L.R.

So scheiden wir mit Sang und Klang

2. Wir singen auf dem Heimweg noch
Ein Lied der Dankbarkeit:
Lad ein, wie heut, uns wieder
Auf Laubesduft und Lieder
Zur schönen Maienzeit,
Zur schönen Maienzeit!

3. Schaut hin, von fern noch hört's der Wald
In seiner Abendruh!
Die Wipfel möcht' er neigen,
Er rauschet in den Zweigen,
Lebt wohl, ruft er uns zu,
Lebt wohl, ruft er uns zu!

(M: Volksweise, T: Hoffmann von Fallersleben)

Nun wollen wir singen das Abendlied

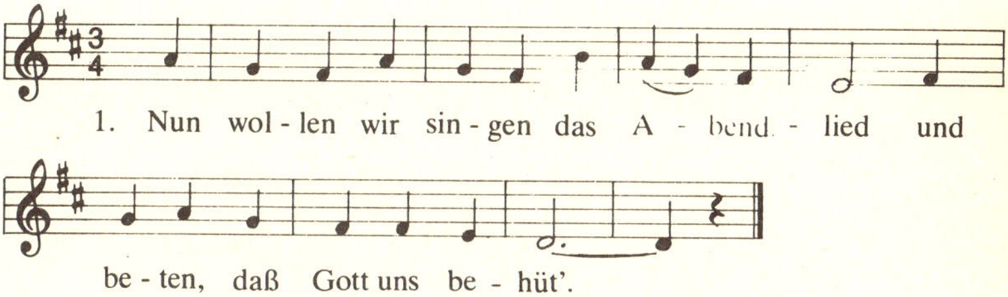

2. Es weinen viel Augen wohl jegliche Nacht,
Bis morgens die Sonne erwacht.

3. Es wandern viel Sternlein am Himmelsrund,
Wer sagt ihnen Fahrweg und Stund'?

(M und T: Volksgut)

Seht, wie die Sonne dort sinket

2. Hört ihr das Blöken der Lämmer?
Seht, wie die Lüfte schon wehn!
Mählich beginnt es zu dämmern,
Lasset zur Hütte uns gehn!

3. Dörfchen, o sei uns willkommen!
Heut ist die Arbeit vollbracht;
Bald von den Sternen umschwommen,
Nahet die feiernde Nacht.

(M und T: Volksgut)

Still ruht der See

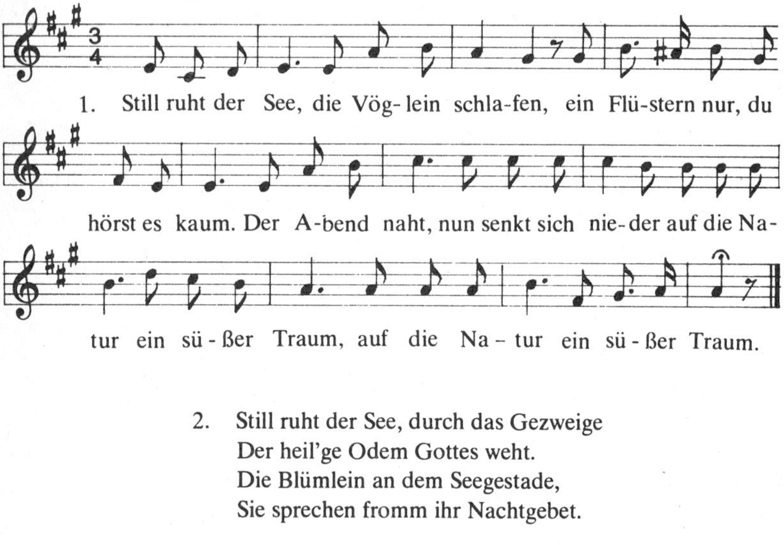

2. Still ruht der See, durch das Gezweige
Der heil'ge Odem Gottes weht.
Die Blümlein an dem Seegestade,
Sie sprechen fromm ihr Nachtgebet.

3. Still ruht der See, vom Himmelsdome
Die Sterne friedsam niedersehn.
O Menschenherz, gib dich zufrieden,
Auch du, auch du wirst schlafen gehn.

(M und T: H. Pfeil)

Bona nox! Bist a rechter Ochs
(Bona nox)

(M und T: Wolfgang Amadeus Mozart)

Ich stand auf Berges Halde

(Abendlied)

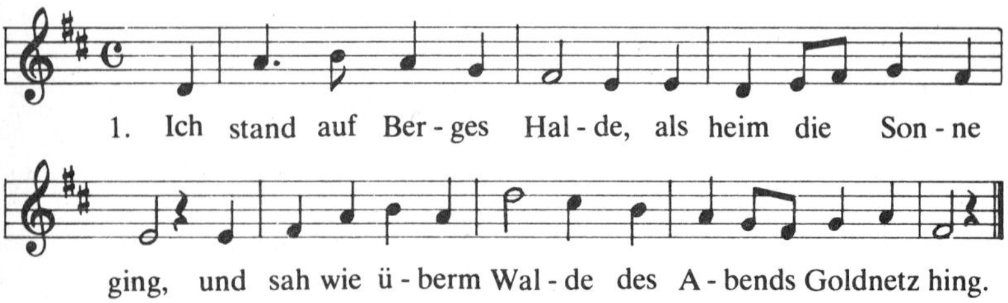

2. Des Himmels Wolken tauten der Erde Frieden zu;
Beim Abendglockenläuten ging die Natur zur Ruh'.

3. Ich sprach: „O Herz, empfinde der Schöpfung Stille nun
Und schick mit jedem Kinde der Flur dich auch, zu ruhn.

4. Die Blumen alle schließen die Augen allgemach,
Und alle Wellen fließen besänftiget im Bach.

5. Nun hat der müde Sylphe sich unters Blatt gesetzt,
Und die Libell' am Schilfe entschlummert taubenetzt.

6. Es ward dem goldnen Käfer zur Wieg' ein Rosenblatt;
Die Herde mit dem Schäfer sucht ihre Lagerstatt.

7. Die Lerche sucht aus Lüften ihr feuchtes Nest im Klee,
Und in des Waldes Schlüften ihr Lager Hirsch und Reh.

8. Wer sein ein Hüttchen nennet, ruht nun darin sich aus;
Und wen die Fremde trennet, den trägt ein Traum nach Haus.

9. Mich fasset ein Verlangen, daß ich zu dieser Frist
Hinauf nicht kann gelangen, wo meine Heimat ist.

(M: Friedrich Silcher, T: F. Rückert)

Jetzt schwingen wir den Hut
(Abendlied)

2. Der Wirt, der ist bezahlt,
Und keine Kreide malt
Den Namen an die Kammertür
Und hintendran die Schuldgebühr;
Der Gast darf wiederkommen, ja kommen.

3. Und wer sein Gläslein trinkt,
Ein lustig Liedlein singt
In Frieden und in Sittsamkeit
Und geht nach Haus zu rechter Zeit:
Der Gast darf wiederkehren mit Ehren.

4. Jetzt, Brüder, gute Nacht!
Der Mond am Himmel wacht;
Und wacht er nicht, so schläft er noch,
Wir finden Weg und Haustür doch
Und schlafen aus in Frieden, ja Frieden.

(M: Albert Methfessel, T: Johann Peter Hebel)

Müde bin ich, geh' zur Ruh'

2. Hab' ich Unrecht heut getan,
Sieh es, lieber Gott, nicht an!
Deine Gnad' und Christi Blut,
Sind für allen Schaden gut.

3. Alle, die mir sind verwandt,
Gott, laß ruhn in deiner Hand!
Alle Menschen, groß und klein,
Sollen dir befohlen sein.

4. Kranken Herzen sende Ruh',
Nasse Augen schließe zu;
Laß den Mond am Himmel stehn
Und die stille Welt besehn.

(M: Volksgut, T: Louise Hensel)

Schlaf Kindchen balde

(M und T: Volksgut)

2. Schlaf Kindchen balde;
Vögelein fliegen im Walde,
Sie flieg'n wohl über Laub und Gras
Und bringen meinem Kindchen was;
Was soll'n sie ihm denn bringen?
Zuckerplätzchen und Ringe,
Schöne Rosin'n und Mandelkern,
Die ißt die kleine Sophie gern.

Nun ruhen alle Wälder

2. Der Tag ist nun vergangen,
Die güldnen Sternlein prangen
Am blauen Himmelssaal;
Also werd' ich auch stehen,
Wann mich wird heißen gehen
Mein Gott aus diesem Jammertal.

3. Breit aus die Flügel beide,
O Jesu, meine Freude,
Und nimm dein Küchlein ein!
Will Satan mich verschlingen,
So laß die Englein singen:
„Dies Kind soll unverletzet sein."

4. Auch euch, ihr meine Lieben,
Soll heute nicht betrüben
Kein Unfall noch Gefahr.
Gott laß euch selig schlafen,
Stell' euch die güldnen Waffen
Ums Bett und seiner Engel Schar.

(M: Heinrich Isaac, T: Paul Gerhardt)

Abendlied.
I.H.S.
GABER

Bald prangt, den Morgen zu verkünden

2. Dir strahlt aus tausend Augen wider
Dein Bild, o Lichtesquell.
In Perlen fiel der Tau hernieder
Und grüßt dich rein und hell.
Dir dankt, o hehre Lebenssonne,
Die stille Blume Lichteswonne;
Dir dankt in frohbewegter Brust
Die neu erwachte Lebenslust!

3. Schwing frei dich von dem Rand der Erde
Empor in Ätherblau!
Beglückt im Reich des Lichtes werde
Die ärmste, tiefste Au.
Wir werfen ab der Nächte Sorgen;
Des besten Tages schöner Morgen,
Er bricht in jeder Seele an,
Er führt sie froh auf lichter Bahn.

(Aus der „Zauberflöte"; M: Wolfgang Amadeus Mozart, T: Emanuel Schikaneder)

Weißt du, wieviel Sternlein stehen

2. Weißt du, wieviel Mücklein spielen
In der heißen Sonnenglut?
Wieviel Fischlein auch sich kühlen
In der hellen Wasserflut?
Gott, der Herr, rief sie mit Namen,
Daß sie all' ins Leben kamen,
Daß sie nun so fröhlich sind.

3. Weißt du, wieviel Kinder frühe
Steh'n aus ihrem Bettlein auf,
Daß sie ohne Sorg' und Mühe
Fröhlich sind im Tageslauf?
Gott im Himmel hat an allen
Seine Lust, sein Wohlgefallen,
Kennt auch dich und hat dich lieb.

(M: Volksgut, T: Wilhelm Hey)

A. G.

Schlafe, schlafe, holder, süßer Knabe

(Schlafe, holder, süßer Knabe)

(M: Franz Schubert,
T: Verfasser unbekannt)

2. Schlafe, schlafe in dem süßen Grabe,
Noch beschützt dich deiner Mutter Arm;
Alle Wünsche, alle Habe
Faßt sie liebend, alle liebewarm.

3. Schlafe, schlafe in der Flaumen Schoße,
Noch umtönt dich lauter Liebeston,
Eine Lilie, eine Rose,
Nach dem Schlafe werd' sie dir zum Lohn.

Kindlein mein, schlaf doch ein

2. Kindlein mein, schlaf doch ein,
Denn die Nacht kommt nieder,
Und der Wind
Summt dem Kind
Seine Wiegenlieder,
Eia Wieglein . . .

(M und T: Volksgut aus Mähren)

Soll man sonder Anstoß ruhen

(Sanfter Schlaf)

2. Überflüss'ge Nahrungssorgen
Hab' ich niemals zu verleihn;
Wer dergleichen denkt zu borgen,
Spreche ja bei mir nicht ein.
Tage, die noch kommen sollen,
Kränken mich nicht vor der Zeit;
Will der Beutel mit mir schmollen,
Die Geduld hebt unsern Streit.

(M: Georg Philipp Telemann, T: Daniel Stoppe)

Die Blümelein, sie schlafen

(Sandmännchen)

2. Die Vögelein, sie sangen
So süß im Sonnenschein,
Sie sind zur Ruh' gegangen
In ihre Nestchen klein.
Das Heimchen in dem Ährengrund,
Es tut allein sich kund.

3. Sandmännchen kommt geschlichen
Und guckt durchs Fensterlein,
Ob irgend noch ein Liebchen
Nicht mag zu Bette sein.
Und wo er nur ein Kindchen fand,
Streut er ins Aug' ihm Sand.

4. Sandmännchen aus dem Zimmer,
Es schläft mein Herzchen fein,
Es ist gar fest verschlossen
Schon sein Guckäugelein;
Es leuchtet morgen mir Willkomm'
Das Äugelein so fromm.

(M und T: A. W. F. von Zuccalmaglio, um 1840)

Im Sommer.

Von Frühling, Sommer, Herbst und Winter

Winter ade

(M: Volksweise, T: Hoffmann von Fallersleben)

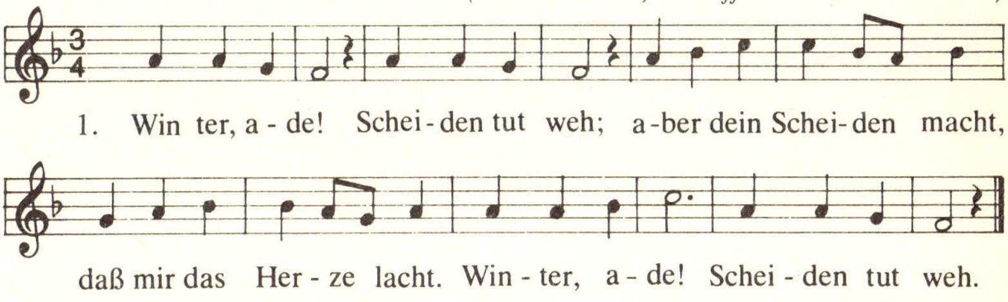

2. Winter ade! Scheiden tut weh.
Gerne vergess' ich dein,
Kannst immer ferne sein.
Winter ade! Scheiden tut weh.

3. Winter ade! Scheiden tut weh.
Gehst du nicht bald nach Haus,
Lacht dich der Kuckuck aus.
Winter ade! Scheiden tut weh.

Der Winter ist ein rechter Mann

2. Aus Blumen und aus Vogelsang
Weiß er sich nichts zu machen,
Haßt warmen Trank und warmen Klang
Und alle warmen Sachen.

3. Wenn Stein und Bein vor Frost zerbricht
Und Teich und Seen krachen:
Das klingt ihm gut, das haßt er nicht,
Dann will er tot sich lachen.

4. Sein Schloß von Eis liegt ganz hinaus
Beim Nordpol an dem Strande,
Doch hat er auch ein Sommerhaus
Im lieben Schweizerlande.

5. Da ist er denn bald dort, bald hier,
Gut Regiment zu führen,
Und wenn er durchzieht, stehen wir
Und sehn ihn an und frieren.

(M: J. F. Reichardt, T: M. Claudius)

(M und T: aus J. F. Thysius' Lautenbuch,
um 1600, nach einem alten niederländischen Mailied)

Der Winter ist vergangen

2. Ich geh' ein'n Mai'n zu hauen
Hin durch das grüne Gras,
Schenk' meinem Buhl'n die Treue,
Die mir die Liebste was,
Und bitt', daß sie mag kommen,
All vor dem Fenster stahn,
Empfangen den Mai mit Blumen,
Er ist gar wohl getan.

3. Und als die Säuberliche
Sein' Rede hat gehört,
Da stand sie traurigliche,
Indes sprach sie die Wort':
„Ich hab' den Mai empfangen
Mit großer Würdigkeit!"
Er küßt' sie an die Wangen,
War das nicht Ehrbarkeit?

4. Er nahm sie sonder Trauern
In seine Arme blank,
Der Wächter auf den Mauern
Hub an ein Lied und sang:
„Ist jemand noch darinnen,
Der mag bald heimwärts gahn.
Ich seh' den Tag her dringen
Schon durch die Wolken klar."

5. „Ach, Wächter auf der Mauern,
Wie quälst du mich so hart!
Ich lieg' in schweren Trauern,
Mein Herze leidet Schmerz.
Das macht die Allerliebste,
Von der ich scheiden muß;
Das klag' ich Gott, dem Herren,
Daß ich sie lassen muß."

6. Ade, mein' Allerliebste,
Ade, schön's Blümlein fein,
Ade, schön' Rosenblume,
Es muß geschieden sein!
Bis daß ich wiederkomme,
Bleibst du die Liebste mein;
Das Herz in meinem Leibe
Gehört ja allzeit dein."

Der Frühling hat sich eingestellt

2. Er hielt im Walde sich versteckt,
Daß niemand ihn mehr sah;
Ein Vöglein hat ihn aufgeweckt,
Jetzt ist er wieder da.

3. Jetzt ist der Frühling wieder da;
Ihm folgt, wohin er zieht,
Nur lauter Freude fern und nah
Und lauter Spiel und Lied.

4. Und allen hat er, groß und klein,
Was Schönes mitgebracht,
Und sollt's auch nur ein Sträußchen sein,
Er hat an uns gedacht.

5. Drum frisch hinaus ins freie Feld,
Ins grüne Feld hinaus!
Der Frühling hat sich eingestellt;
Wer bliebe da zu Haus?

(M: nach Johann Friedrich Reichardt, T: Hoffmann v. Fallersleben)

Der Mai ist gekommen

2. Herr Vater, Frau Mutter, daß Gott euch behüt'!
Wer weiß, wo in der Ferne mein Glück mir noch blüht!
Es gibt so manche Straße, da nimmer ich marschiert,
Es gibt so manchen Wein, den ich nimmer noch probiert.

3. Frisch auf drum, frisch auf drum im hellen Sonnenstrahl
Wohl über die Berge, wohl durch das tiefe Tal!
Die Quellen erklingen, die Bäume rauschen all;
Mein Herz ist wie 'ne Lerche und stimmet ein mit Schall.

4. Und abends im Städtlein, da kehr' ich durstig ein:
„Herr Wirt, eine Kanne, eine Kanne blanken Wein!
Ergreife die Fiedel, du lust'ger Spielmann du,
Von meinem Schatz das Liedel, das sing' ich dazu."

5. Und find' ich keine Herberg', so lieg' ich zu Nacht
Wohl unter blauem Himmel, die Sterne halten Wacht;
Im Winde die Linde, die rauscht mich ein gemach,
Es küsset in der Frühe das Morgenrot mich wach.

6. O Wandern, o Wandern, du freie Burschenlust!
Da wehet Gottes Odem so frisch in die Brust;
Da singet und jauchzet das Herz zum Himmelszelt:
Wie bist du doch so schön, o du weite, weite Welt!

(M: Justus W. Lyra, T: E. Geibel)

Komm, lieber Mai

2. Zwar Wintertage haben
Wohl auch der Freuden viel,
Man kann im Schnee eins traben
Und treibt manch Abendspiel,
Baut Häuserchen von Karten,
Spielt Blindekuh und Pfand;
Auch gibt's wohl Schlittenfahrten
Aufs liebe freie Land.

3. Ach, wenn's doch erst gelinder
Und grüner draußen wär'!
Komm, lieber Mai, wir Kinder,
Wir bitten gar zu sehr!
O komm und bring vor allem
Uns viele Veilchen mit,
Bring auch viel Nachtigallen
Und schöne Kuckucks mit.

(M: nach W. A. Mozart, T: Christian Adolf Overbeck)

Komm lieber Mai

Wenn's Mailüfterl weht

2. Und blühen die Rosen,
Wird's Herz nimmer trüb,
Denn d'Rosenzeit ist ja
Die Zeit für die Lieb'.
Die Rosen, die blühen
So frisch alle Jahr,
Doch d' Lieb blüht nur einmal
Und nachher ist's gar.

3. Jed's Jahr kommt der Frühling,
Ist d'r Winter vorbei,
Der Mensch aber hat nur
Ein' einzigen Mai.
Die Schwalben flieg'n fort, doch
Sie ziehn wieder her,
Nur der Mensch, wenn er fortgeht,
Der kommt nimmermehr.

(M: J. Kreipl, T: A. von Klesheim)

Alles neu macht der Mai

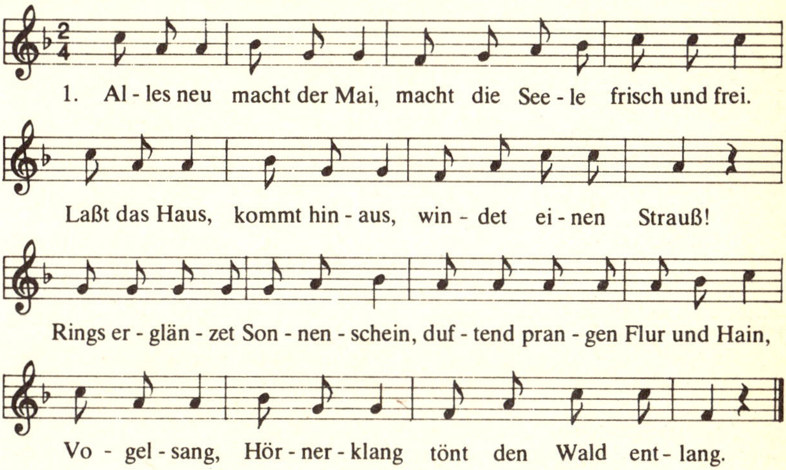

2. Wir durchziehn Saatengrün,
Haine, die ergötzend blühn,
Waldespracht, neu gemacht,
Nach des Winters Nacht.
Dort im Schatten an dem Quell,
Rieselnd munter silberhell,
Klein und groß, ruht im Moos
Wie im weichen Schoß.

3. Hier und dort, fort und fort,
Wo wir ziehen Ort für Ort,
Alles freut sich der Zeit,
Die verjüngt, erneut.
Widerschein der Schöpfung blüht,
Uns erneuend im Gemüt.
Alles neu, frisch und frei
Macht der holde Mai.

(M: Volksweise, T: A. von Kamp)

Alle Vögel sind schon da

2. Wie sie alle lustig sind,
Flink und froh sich regen!
Amsel, Drossel, Fink und Star
Und die ganze Vogelschar
Wünschen dir ein frohes Jahr,
Lauter Heil und Segen.

3. Was sie uns verkündet nun,
Nehmen wir zu Herzen.
Wir auch wollen lustig sein,
Lustig wie die Vögelein,
Hier und dort, feldaus, feldein,
Singen, springen, scherzen.

(M: Volksweise, T: Hoffmann von Fallersleben)

Nun will der Lenz uns grüßen

2. Waldvöglein Lieder singen,
Wie ihr sie nur begehrt;
Drum auf zum frohen Springen,
Die Reis' ist Goldes wert!
Hei, unter grünen Linden,
Da leuchten weiße Kleid'!
Heija, nun hat uns Kindern
Ein End' all Wintersleid!

(M und T: Volksgut)

Kuckuck, Kuckuck

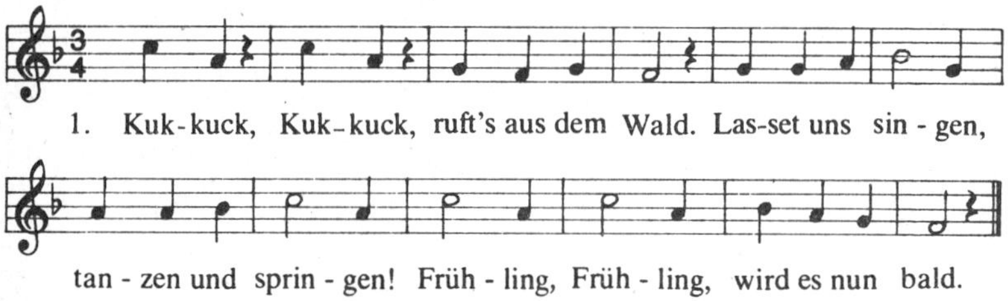

2. Kuckuck, Kuckuck läßt nicht sein Schrein:
„Kommt in die Felder, Wiesen und Wälder!
Frühling, Frühling, stelle dich ein!"

3. Kuckuck, Kuckuck, trefflicher Held!
Was du gesungen, ist dir gelungen:
Winter, Winter räumet das Feld.

(M und T: Hoffmann von Fallersleben)

Trarira, der Sommer, der ist da

(M und T: Volksgut)

2. Tra - ri - ra!
Der Sommer, der ist da!
Wir wollen hinter die Hecken
Und woll'n den Sommer wecken.
Tra-ri-ra!
Der Sommer, der ist da!

3. Tra-ri-ra!
Der Sommer, der ist da!
Der Sommer hat's gewonnen,
Der Winter hat's verloren.
Tra-ri-ra!
Der Sommer, der ist da!

4. Tra-ri-ra!
Der Sommer, der ist da!
Der Winter liegt gefangen,
Den schlagen wir mit Stangen.
Tra-ri-ra!
Der Sommer, der ist da!

Bunt sind schon die Wälder

2. Wie die volle Traube
Aus der Rebenlaube
Purpurfarbig strahlt!
Am Geländer reifen
Pfirsiche, mit Streifen
Rot und weiß bemalt.

3. Flinke Träger springen,
Und die Mädchen singen,
Alles jubelt froh!
Bunte Bänder schweben
Zwischen hohen Reben
Auf dem Hut von Stroh.

4. Geige tönt und Flöte
Bei der Abendröte
Und im Mondesglanz;
Junge Winzerinnen
Winken und beginnen
Frohen Ringeltanz.

(M: J. F. Reichardt, T: J. G. von Salis-Seewis)

Es ist für uns eine Zeit angekommen

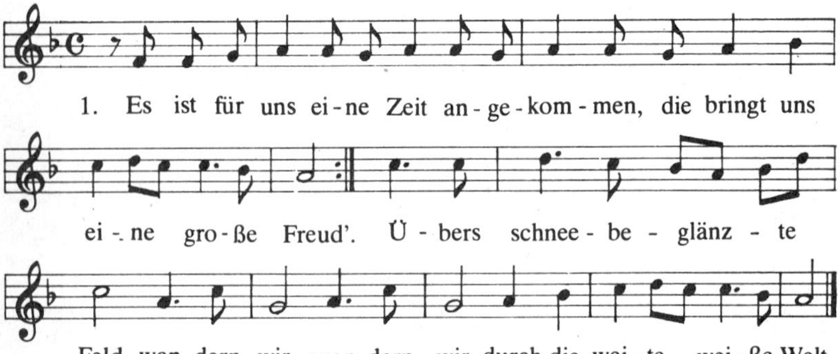

2. Es schlafen Bächlein und See unterm Eise, es träumt
Der Wald einen tiefen Traum:
Durch den Schnee, der leise fällt, wandern wir, wandern
Wir durch die weite, weiße Welt.

3. Vom hohen Himmel ein leuchtendes Schweigen erfüllt
Die Herzen mit Seligkeit:
Unterm sternbeglänzten Zelt wandern wir, wandern wir
Durch die weite, weiße Welt.

(M: Volksweise, T: P. Hermann)

Ihr Kinderlein, kommet

2. Da liegt es, das Kindlein, auf Heu und auf Stroh,
Maria und Joseph betrachten es froh.
Die redlichen Hirten knien betend davor;
Hoch oben schwebt jubelnd der Engelein Chor.

3. O beugt wie die Hirten anbetend die Knie,
Erhebet die Hände und danket wie sie!
Stimmt freudig, ihr Kinder, wer wollt sich nicht freun?
Stimmt freudig zum Jubel der Engel mit ein!

(M: Johann Abraham Peter Schulz, T: Christoph von Schmid)

Morgen, Kinder, wird's was geben

1. Morgen, Kinder, wird's was ge - ben, mor - gen wer - den wir uns freun!
Welch ein Ju - bel, welch ein Le - ben wird in un - serm Hau - se sein!

Ein - mal wer - den wir noch wach, hei - ßa, dann ist Weih - nachts - tag!

2. Wie wird dann die Stube glänzen
Von der großen Lichterzahl!
Schöner als bei frohen Tänzen
Ein geputzter Kronensaal.
Wißt ihr noch, wie vor'ges Jahr
Es am Heil'gen Abend war?

3. Wißt ihr noch die Spiele, Bücher
Und das schöne Hottepferd,
Schöne Kleider, wollne Tücher,
Puppenstube, Puppenherd?
Morgen strahlt der Kerzen Schein,
Morgen werden wir uns freun!

(M: C. G. Hering, T: Hoffmann von Fallersleben)

Auf dem Berge, da geht der Wind

(M und T: Volksgut)

Laßt uns froh und munter sein

2. Dann stell' ich den Teller auf,
Niklaus legt gewiß was drauf.

3. Wenn ich schlaf', dann träume ich:
Jetzt bringt Niklaus was für mich.

4. Wenn ich aufgestanden bin,
Lauf' ich schnell zum Teller hin.

5. Niklaus ist ein guter Mann,
Dem man nicht g'nug danken kann.

(M und T: Volksgut, schon vor 1870 bekannt)

Kommet, ihr Hirten

1. Kom - met, ihr Hir - ten, ihr Män - ner und Fraun!
Kom - met, das lieb - li - che Kind - lein zu schaun!

Christus, der Herr ist heu - te ge - bo - ren, Fürch - tet euch nicht!
den Gott zum Heiland euch hat er - ko - ren.

2. Lasset uns sehen in Bethlehems Stall,
Was uns verheißen der himmlische Schall!
Was wir dort finden, lasset uns künden,
Lasset uns preisen in frommen Weisen!
Halleluja!

3. Wahrlich, die Engel verkündigen heut
Bethlehems Hirtenvolk gar große Freud'.
Nun soll es werden Friede auf Erden,
Den Menschen allen ein Wohlgefallen.
Ehre sei Gott!

(M und T: Volksgut aus Böhmen)

O du fröhliche, o du selige

(M: Volksgut – nach einem alten sizilianischen Volkslied, T: Johannes Daniel Falk)

GLORIA IN EXCEL

Stille Nacht, heilige Nacht

2. Stille Nacht, heilige Nacht,
Hirten erst kundgemacht!
Durch der Engel Halleluja
Tönt es laut von fern und nah:
Christ, der Retter ist da!

3. Stille Nacht, heilige Nacht!
Gottes Sohn, o wie lacht
Lieb' aus deinem göttlichen Mund,
Da uns schlägt die rettende Stund',
Christ, in deiner Geburt!

(M: Franz Gruber, T: Joseph Mohr)

Wach Nachtigall, wach auf

(M und T: Volksgut aus Franken)

2. Flieg her zum Krippelein,
Flieg her, gefiedert Schwesterlein,
Blas an den feinen Psalterlein,
Sing, Nachtigall, gar fein!
Dem Kindelein
Musiziere, koloriere, jubiliere,
Sing, sing, sing dem süßen Jesulein!

3. Stimm, Nachtigall, stimm an!
Den Takt gib mit dem Federlein,
Auch freudig schwing die Flügelein,
Erstreck dein Hälselein!
Der Schöpfer dein
Mensch will werden mit Gebärden heut auf Erden:
Sing, sing, sing dem werten Jesulein!

Alle Jahre wieder

2. Kehrt mit seinem Segen
Ein in jedes Haus,
Geht auf allen Wegen
Mit uns ein und aus.

3. Ist auch mir zur Seite
Still und unerkannt,
Daß es treu mich leite
An der lieben Hand.

(M: E. Anschütz, T: W. Hey)

Süßer die Glocken nie klingen

2. Und wenn die Glocken dann klingen,
Gleich sie das Christkindlein hört,
Tut sich vom Himmel dann schwingen,
Eilet hernieder zur Erd',
Segnet den Vater, die Mutter, das Kind!
Glocken mit heiligem Klang,
Klinget die Erde entlang!

3. Klinget mit lieblichem Schalle
Über die Meere noch weit,
Daß sich erfreuen doch alle
Seliger Weihnachtszeit!
Alle dann jauchzen mit frohem Gesang:
Glocken mit heiligem Klang,
Klinget die Erde entlang!

(M: Volksweise aus Thüringen, T: Friedrich Wilhelm Kritzinger)

Am Weihnachtsbaum

2. Die Kinder stehn mit hellen Blicken,
Das Auge lacht, es lacht das Herz;
O fröhlich seliges Entzücken!
Die Alten schauen himmelwärts.

3. Zwei Engel sind hereingetreten,
Kein Auge hat sie kommen sehn;
Sie gehn zum Weihnachtstisch und beten
Und wenden wieder sich und gehn.

4. „Gesegnet seid, ihr alten Leute,
Gesegnet sei, du kleine Schar!
Wir bringen Gottes Segen heute
Dem braunen wie dem weißen Haar.

5. Zu guten Menschen, die sich lieben,
Schickt uns der Herr als Boten aus,
Und seid ihr treu und fromm geblieben,
Wir treten wieder in dies Haus.“

6. Kein Ohr hat ihren Spruch vernommen;
Unsichtbar jedes Menschen Blick
Sind sie gegangen wie gekommen;
Doch Gottes Segen blieb zurück!

(M: Volksweise, T: Hermann Kletke)

Kling Glöckchen, klingelingeling

2. Kling, Glöckchen, klingelingeling,
Kling, Glöckchen, kling!
Mädchen, hört, und Bübchen,
Macht mir auf das Stübchen,
Bring' euch viele Gaben,
Sollt euch dran erlaben.
Kling, Glöckchen, klingelingeling,
Kling, Glöckchen, kling!

3. Kling, Glöckchen, klingelingeling,
Kling, Glöckchen, kling!
Hell erglühn die Kerzen,
Öffnet mir die Herzen,
Will drin wohnen fröhlich,
Frommes Kind, wie selig.
Kling, Glöckchen, klingelingeling,
Kling, Glöckchen, kling!

(M: Volksweise, T: Theodor Enslin)

Leise rieselt der Schnee

2. In den Herzen wird's warm,
Still schweigt Kummer und Harm,
Sorge des Lebens verhallt,
Freue dich, Christkind kommt bald!

3. Bald ist Heilige Nacht,
Chor der Engel erwacht,
Hört nur, wie lieblich es schallt:
Freue dich, Christkind kommt bald.

(M: Volksweise, T: Eduard Ebel)

Joseph, lieber Joseph mein

2. Gerne, liebe Maria mein,
Helf' ich wieg'n dein Kindelein,
Gott, der wird mein Lohner sein
Im Himmelreich, der Jungfrau Sohn Maria.

3. Heut soll alle Welt fürwahr
Voller Freude kommen dar
Zu dem, der vor Abrah'm war,
Den uns gebar die reine Magd Maria.

(M und T: Volksgut,
schon im 14. Jahrhundert bekannt)

In dulci jubilo

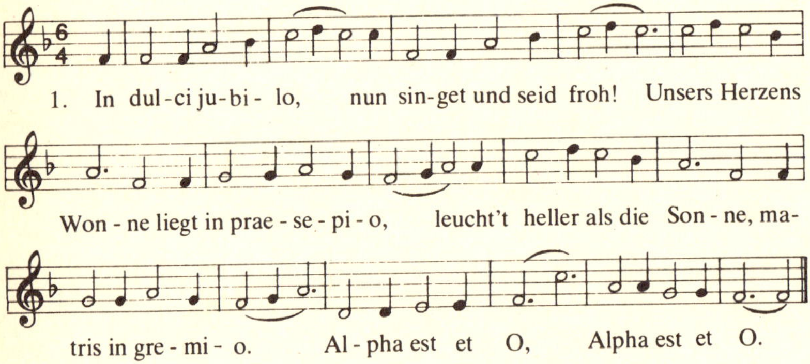

2. O Jesu parvule,
Nach dir ist mir so weh.
Tröst mir mein Gemüte,
O puer optime,
Durch alle deine Güte,
O princeps gloriae.
Trahe me post te.

3. Ubi sunt gaudia?
Nirgend mehr denn da,
Da die Engel singen
Nova cantica,
Und die Schellen klingen
In regis curia.
Eia, wär'n wir da!

(M und T: Volksgut, schon im 14. Jahrhundert bekannt)

Maria durch ein' Dornwald ging

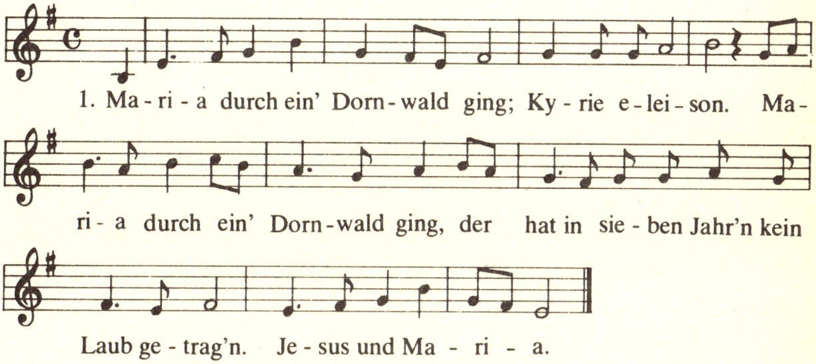

2. Was trug Maria unterm Herzen?
Kyrie eleison.
Ein kleines Kindlein ohne Schmerzen,
Das trug Maria unter ihrem Herzen.
Jesus und Maria.

3. Da haben die Dornen Rosen getrag'n;
Kyrie eleison.
Als das Kindlein durch den Wald getragen,
Da haben die Dornen Rosen getrag'n;
Jesus und Maria.

(M und T: aufgezeichnet von A. von Haxthausen, Paderborn 1856)

Es ist ein Ros entsprungen

(Das Reis aus der Wurzel Jesse)

2. Das Röslein, das ich meine,
Davon Jesaja sagt,
Hat uns gebracht alleine
Marie, die reine Magd;
Aus Gottes ew'gem Rat
Hat sie ein Kind geboren
Wohl zu der halben Nacht.

3. Das Blümelein so kleine,
Das duftet uns so süß;
Mit seinem hellen Scheine
Vertreibt's die Finsternis.
Wahr'r Mensch und wahrer Gott,
Hilft uns aus allem Leide,
Rettet von Sünd' und Tod.

4. O Jesu, bis zum Scheiden
Aus diesem Jammertal
Laß dein Hilf' uns geleiten
Hin in den Freudensaal,
In deines Vaters Reich,
Da wir dich ewig loben;
O Gott, uns das verleih'!

(M: nach Michael Praetorius, T: Volksgut aus dem 15. Jahrhundert, 3. Strophe 1853)

Still, still, still, weil's Kindlein schlafen will

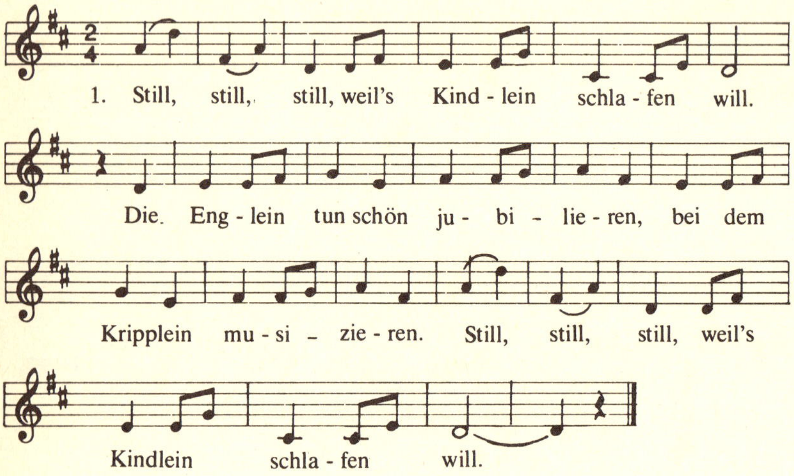

2. Schlaf, schlaf, schlaf,
Mein liebes Kindlein, schlaf!
Maria will dich niedersingen,
Ihre keusche Brust darbringen.
Schlaf, schlaf, schlaf,
Mein liebes Kindlein, schlaf!

3. Groß, groß, groß, die Lieb' ist übergroß.
Gott hat den Himmelsthron verlassen
Und muß reisen auf der Straßen.
Groß, groß, groß,
Die Lieb' ist übergroß.

(M und T: Volksgut, wohl aus Salzburg)

Vom Himmel hoch, da komm' ich her

2. Euch ist ein Kindlein heut geborn
Von einer Jungfrau auserkorn,
Ein Kindelein so zart und fein,
Das soll euer Freud' und Wonne sein.

3. Es ist der Herr Christ, unser Gott,
Der will euch führn aus aller Not,
Er will euer Heiland selber sein,
Von allen Sünden machen rein.

4. Er bringt euch alle Seligkeit,
Die Gott der Vater hat bereit',
Daß ihr mit uns im Himmelreich
Sollt leben nun und ewiglich.

5. So merket nun das Zeichen recht:
Die Krippe, Windelein so schlecht,
Da findet ihr das Kind gelegt,
Das alle Welt erhält und trägt.

6. Des laßt uns alle fröhlich sein
Und mit den Hirten gehn hinein,
Zu sehn, was Gott uns hat beschert,
Mit seinem lieben Sohn verehrt.

7. Lob, Ehr' sei Gott im höchsten Thron,
Der uns schenkt seinen ein'gen Sohn.
Des freuen sich der Engel Schar
Und singen uns solch neues Jahr.

(M: nach einem alten Volkslied, von Martin Luther übernommen; T: Martin Luther)

Weihnachtslied.

Vom Himmel hoch da komm ich her,
Ich bring euch gute, neue Mähr,
Der guten Mähr bring ich so viel,
Davon ich singn und sagen will.

Euch ist ein Kindlein heut geboren,
Von einer Jungfrau auserkoren,
Ein Kindelein so zart und fein,
Das soll eur Freud und Wonne sein.

Der Christbaum ist der schönste Baum

2. Denn sieh, in dieser Wundernacht
Ist einst der Herr geboren,
Der Heiland, der uns selig macht.
Hätt' er den Himmel nicht gebracht,
Wär' alle Welt verloren.

3. Doch nun ist Freud' und Seligkeit,
Ist jede Nacht voll Kerzen,
Auch dir, mein Kind, ist das bereit't,
Dein Jesus schenkt dir alles heut,
Gern wohnt er dir im Herzen.

4. O laß ihn ein! Es ist kein Traum.
Er wählt dein Herz zum Garten,
Will pflanzen in den engen Raum
Den allerschönsten Wunderbaum
Und seiner treulich warten.

(M: Georg Eisenbach, 1812, T: Joh. Karl)

Die Heiligen Drei Könige

(Sternsingen)

2. Die Heil'gen Drei König' mit ihrigem Stern,
Sie bringen dem Kindlein das Opfer so gern.
Sie reisen in schneller Eil',
In dreizehn Tag vierhundert Meil'.

3. Die Heil'gen Drei König' mit ihrigem Stern
Knien nieder und ehren das Kindlein, den Herrn.
Ein selige, fröhliche Zeit
Verleih uns Gott im Himmelreich!

(M und T: Volksgut aus Oberbayern)

Die heiligen drei Könige mit ihrem Stern,
sie essen, sie trinken und zahlen nicht gern.

O Tannenbaum, o Tannenbaum

2. O Mägdelein, o Mägdelein,
Wie falsch ist dein Gemüte!
Du schwurst mir Treu' in meinem Glück,
Nun arm ich bin, gehst du zurück.
O Mägdelein, o Mägdelein,
Wie falsch ist dein Gemüte!

3. Die Nachtigall, die Nachtigall
Nahmst du dir zum Exempel!
Sie bleibt, so lang der Sommer lacht,
Im Herbst sie sich von dannen macht:
Die Nachtigall, die Nachtigall
Nahmst du dir zum Exempel!

4. Der Bach im Tal, der Bach im Tal
Ist deiner Falschheit Spiegel!
Er strömt allein, wenn Regen fließt,
Bei Dürr' er bald den Quell verschließt;
Der Bach im Tal, der Bach im Tal
Ist deiner Falschheit Spiegel!

(M: Ernst Anschütz, T: J. August Chr. Zarnack)

Von Helden, Holden, großen Taten

Es war ein König in Thule

(M: C. F. Zelter, T: J. W. von Goethe)

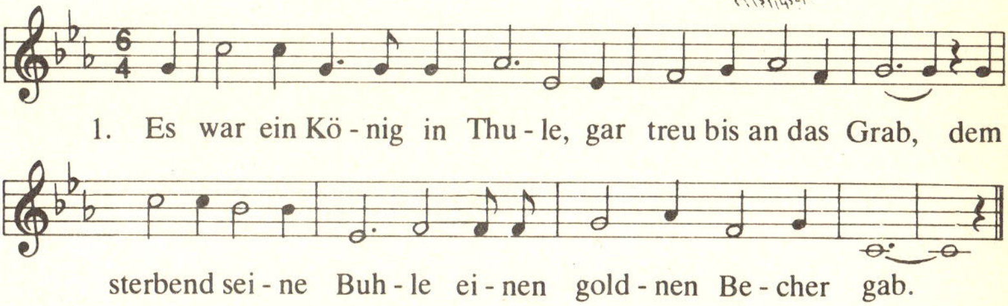

2. Es ging ihm nichts darüber, er leert' ihn jeden Schmaus:
   Die Augen gingen ihm über, sooft er trank daraus.

3. Und als er kam zu sterben, zählt' er seine Städt' und Reich',
   Gönnt' alles seinen Erben, den Becher nicht zugleich.

4. Er saß beim Königsmahle, die Ritter um ihn her,
   Auf hohem Vätersaale, dort auf dem Schloß am Meer.

5. Dort stand der alte Zecher, trank letzte Lebensglut,
   Und warf den heil'gen Becher hinunter in die Flut.

6. Er sah ihn stürzen, trinken und sinken tief ins Meer.
   Die Augen täten ihm sinken: trank nie einen Tropfen mehr.

Es freit' ein wilder Wassermann

2. Sie hörte drunten die Glocken gehn
Im tiefen, tiefen See,
Wollt' Vater und Mutter wiedersehn,
Die schöne, junge Lilofee.

3. Und als sie vor dem Tore stand
Auf der Burg wohl über dem See,
Da neigt' sich Laub und grünes Gras
Vor der schönen, jungen Lilofee.

4. Und als sie aus der Kirche kam
Von der Burg wohl über dem See,
Da stand der wilde Wassermann
Vor der schönen, jungen Lilofee.

5. „Sprich, willst du hinuntergehn mit mir
Von der Burg wohl über dem See?
Deine Kindlein drunten weinen nach dir,
Du schöne, junge Lilofee.“

6. „Und eh' ich die Kindlein weinen lass'
Im tiefen, tiefen See,
Scheid' ich von Laub und grünem Gras,
Ich arme, junge Lilofee.“

(M und T: Volksgut)

Der alte Barbarossa (Barbarossa)

2. Er ist niemals gestorben,
Er lebt darin noch jetzt;
Er hat im Schloß verborgen
Zum Schlaf sich hingesetzt.

3. Er hat hinabgenommen
Des Reiches Herrlichkeit
Und wird einst wiederkommen
Mit ihr zu seiner Zeit.

4. Der Stuhl ist elfenbeinern,
Darauf der Kaiser sitzt;
Der Tisch ist marmelsteinern,
Worauf sein Haupt er stützt.

5. Sein Bart ist nicht von Flachse,
Er ist von Feuersglut,
Ist durch den Tisch gewachsen,
Worauf sein Kinn ausruht.

6. Er nickt als wie im Traume,
Sein Aug' halb offen zwinkt;
Und je nach langem Raume
Er einem Knaben winkt.

7. Er spricht im Schlaf zum Knaben:
„Geh hin vors Schloß, o Zwerg,
Und sieh, ob noch die Raben
Herfliegen um den Berg!

8. Und wenn die alten Raben
Noch fliegen immerdar,
So muß ich auch noch schlafen,
Verzaubert hundert Jahr'.“

(M: Joseph Gersbach, T: Friedrich Rückert)

Üb immer Treu und Redlichkeit

2. Dann wirst du wie auf grünen Au'n
Durchs Pilgerleben gehn,
Dann kannst du sonder Furcht und Graun
Dem Tod ins Antlitz sehn.

3. Dann wird die Sichel und der Pflug
In deiner Hand so leicht,
Dann singest du beim Wasserkrug,
Als wär' dir Wein gereicht.

4. Dem Bösewicht wird alles schwer;
Er tue, was er tu';
Ihm gönnt der Tag nicht Freude mehr,
Die Nacht ihm keine Ruh'.

5. Der schöne Frühling lacht ihm nicht,
Ihm lacht kein Ährenfeld,
Er ist auf Lug und Trug erpicht
Und wünscht sich nichts als Geld.

6. Der Wind im Hain, das Laub am Baum
Saust ihm Entsetzen zu,
Er findet nach des Lebens Traum
Im Grabe keine Ruh'.

7. Üb immer Treu und Redlichkeit
Bis an dein kühles Grab
Und weiche keinen Finger breit
Von Gottes Wegen ab!

(M: W. A. Mozart, T: L. Ch. H. Hölty)

Es waren zwei Königskinder

2. „Ach Liebster, könntest du schwimmen,
So schwimm doch herüber zu mir!
Drei Kerzen will ich anzünden,
Die sollen leuchten zu dir."

3. Das hört' ein falsches Nönnchen,
Die tat, als wenn sie schlief';
Sie tat die Kerzlein auslöschen,
Der Jüngling ertrank so tief.

4. „Ach Fischer, lieber Fischer,
Willst dir verdienen Lohn,
So senk deine Netze ins Wasser,
Fisch mir den Königssohn!"

5. Sie faßt ihn in ihre Arme
Und küßt seinen roten Mund:
„Ach Mündlein, könntest du sprechen,
So wär' mein jung Herze gesund."

6. Sie schwang sich um ihren Mantel
Und sprang wohl in die See:
„Gut' Nacht, mein Vater und Mutter,
Ihr seht mich nimmermeh!"

7. Da hört man Glockenläuten,
Da hört man Jammer und Not:
Hier liegen zwei Königskinder,
Die sind alle beide tot.

(M und T: Volksgut)

Ich weiß nicht, was soll es bedeuten

(Die Lorelei)

2. Die schönste Jungfrau sitzet
Dort oben wunderbar,
Ihr goldnes Geschmeide blitzet,
Sie kämmt ihr goldenes Haar.
Sie kämmt es mit goldenem Kamme
Und singt ein Lied dabei;
Das hat eine wundersame,
Gewaltige Melodei.

3. Den Schiffer im kleinen Schiffe
Ergreift es mit wildem Weh;
Er schaut nicht die Felsenriffe,
Er schaut nur hinauf in die Höh'.
Ich glaube, die Wellen verschlingen
Am Ende noch Schiffer und Kahn;
Und das hat mit ihrem Singen
Die Lorelei getan.

(M: Friedrich Silcher, T: Heinrich Heine)

Als wir jüngst in Regensburg waren
(Donaustrudel)

2. Und ein Mädel von zwölf Jahren
Ist mit über den Strudel gefahren;
Weil sie noch nicht lieben kunnt,
Fuhr sie sicher über Strudels Grund.
Schwäbische, bayrische Dirndel, juchheirassassa!
Muß der, muß der Schiffsmann fahren.

3. Und vom hohen Bergesschlosse
Kam auf stolzem schwarzem Rosse
Adlig Fräulein Kunigund,
Wollt' mitfahrn übers Strudels Grund.
Schwäbische, bayrische Dirndel, juchheirassassa!
Muß der, muß der Schiffsmann fahren.

4. „Schiffsmann, lieber Schiffsmann mein,
Sollt's denn so gefährlich sein?
Schiffsmann, sag's mir ehrlich,
Ist's denn so gefährlich?"
Schwäbische, bayrische Dirndel, juchheirassassa!
Muß der, muß der Schiffsmann fahren.

5. „Wem der Myrtenkranz geblieben,
Landet froh und sicher drüben;
Wer ihn hat verloren,
Ist dem Tod erkoren."
Schwäbische, bayrische Dirndel, juchheirassassa!
Muß der, muß der Schiffsmann fahren.

6. Als sie auf die Mitt' gekommen,
Kam ein großer Nix geschwommen,
Nahm das Fräulein Kunigund,
Fuhr mit ihr in des Strudels Grund.
Schwäbische, bayrische Dirndel, juchheirassassa!
Muß der, muß der Schiffsmann fahren.

(M und T: Volksgut aus Bayern)

Es war einmal ein feiner Knab'

(Der treue Knabe)

2. Der Knab', der fuhr ins Niederland,
Derweil ward ihm sein Herzlieb krank,
Sie ward so krank bis auf den Tod,
Drei Tag', drei Nächt' sprach sie kein Wort.

3. Und als der Knab' die Botschaft kriegt,
Daß sein Herzlieb am Sterben liegt,
Verließ er gleich sein Hab und Gut,
Wollt' sehen, was sein Herzliebchen tut.

4. „Guten Tag, guten Tag, Herzliebste mein!
Was machst du hier im Bettelein?"
„Hab' Dank, hab' Dank, mein feiner Knab'!
Mit mir wird's heißen bald: ins Grab!"

5. „Ach nein, ach nein, nicht so geschwind,
Dieweil wir zwei Verliebte sind;
Ach nein, ach nein, Herzliebste mein,
Die Lieb' und Treu muß länger sein."

6. Er nahm sie gleich in seinen Arm,
Da war sie kalt und nicht mehr warm:
„Geschwind, geschwind, bringt mir ein Licht,
Sonst stirbt mein Schatz, daß niemand sicht!"

7. Er rief und schrie aus heller Stimm':
„Ach Gott, laß mir mein Engelskind!"
Er rief und schrie aus heller Stimm':
„Nun ist mein Freud und Alles hin!"

8. Und als das Mägdlein gestorben war,
Da legt' er's auf die Totenbahr':
„Wo krieg' ich nun sechs junge Knab'n,
Die mein Herzlieb zu Grabe trag'n?"

9. „Sechs junge Knaben sind schon bereit,
In Samt und Seide sind sie gekleid't."
Sie trugen's hinaus und nimmer herein,
Sie trugen's zu dem Kirchhof ein.

10. Er ließ sich machen ein schwarzes Kleid,
Darunter trug er groß Herzeleid
Wohl sieben Jahr' und noch viel mehr,
Sein Trauern nahm kein Ende mehr.

(M und T: Volksgut)

Es liegt ein Schloß in Österreich

(Das Schloß in Österreich)

2. Darinnen liegt ein junger Knab'
Auf seinen Hals gefangen,
Wohl vierzig Klafter tief unter der Erd'
Bei Ottern und bei Schlangen.

3. Sein Vater zu den Herren ging,
Bat um des Sohnes Leben:
„Dreihundert Gulden will ich euch
Wohl für den Knaben geben."

4. „Dreihundert Gulden helfen euch nicht,
Der Knabe, der muß sterben:
Er trägt von Gold eine Kett' am Hals,
Die bringt ihn um sein Leben."

5. „Trägt er von Gold eine Kett' am Hals,
Die hat er nicht gestohlen,
Hat ihm ein zart Jungfräulein verehrt,
Sich mit ihm zu verloben."

6. Man bracht' den Knaben wohl aus dem Turm,
Gab ihm die Sakramente:
„Hilf, reicher Christ vom Himmel hoch!
Es geht mir an mein Ende.

7. Ach, meine Augen verbindet mir nicht,
Ich muß die Welt anschauen,
Ich seh' sie heut und nimmermehr
Mit meinen schwarzbraunen Augen."

8. Sein Vater beim Gerichte stund,
Sein Herz wollt' ihm zerbrechen:
„Ach Sohne, liebster Sohne mein!
Dein Tod will ich schon rächen."

9. „Ach Vater, liebster Vater mein,
Mein Tod sollt ihr nicht rächen!
Brächt' meiner Seelen schwere Pein,
Um Unschuld will ich sterben."

10. Es stund kaum an ein halbes Jahr,
Sein Tod der ward gerochen,
Es wurden wohl dreihundert Mann
Um des Knaben willen erstochen.

11. Wer ist, der uns dies Lied erdacht,
Gesungen auch zugleiche?
Das haben getan drei Jungfräulein
Zu Wien im Österreiche.

(M und T: Volksgut)

Prinz Eugen, der edle Ritter

(Prinz Eugen)

2. Als die Brucken nun war geschlagen,
Daß man kunnt mit Stuck und Wagen
Frei passiern den Donaufluß,
Bei Semmalin schlug man das Lager,
Alle Türken zu verjagen
Ihn'n zum Spott und zum Verdruß.

3. Am einundzwanzigsten August soeben
Kam ein Spion bei Sturm und Regen,
Schwor's dem Prinzen und zeigt's ihm an,
Daß die Türken futragieren,
So viel als man kunnt verspüren
An die dreimalhunderttausend Mann.

4. Als Prinz Eugenius dies vernommen,
Ließ er gleich zusammenkommen
Seine General und Feldmarschall.
Er tät sie recht instruieren,
Wie man sollt' die Truppen führen
Und den Feind recht greifen an.

5. Bei der Parole tät er befehlen,
Daß man sollt' die zwölfe zählen
Bei der Uhr um Mitternacht;
Da sollt' all's zu Pferd aufsitzen,
Mit dem Feinde zu scharmützen,
Was zum Streit nur hätte Kraft.

6. Alles saß auch gleich zu Pferde,
Jeder griff nach seinem Schwerte,
Ganz still ruckt man aus der Schanz.
Die Musketier' wie auch die Reiter
Täten alle tapfer streiten;
Es war fürwahr ein schöner Tanz!

7. Ihr Konstabler auf der Schanze,
Spielet auf zu diesem Tanze
Mit Kartaunen groß und klein
Mit den großen, mit den kleinen
Auf die Türken, auf die Heiden,
Daß sie laufen all' davon!

8. Prinz Eugen wohl auf der Rechten
Tät als wie ein Löwe fechten
Als General und Feldmarschall.
Prinz Ludwig, ritt auf und nieder:
„Halt't euch brav, ihr deutschen Brüder,
Greift den Feind nur herzhaft an!"

9. Prinz Ludwig, der mußt' aufgeben
Seinen Geist und junges Leben
Ward getroffen von dem Blei.
Prinz Eugen ward sehr betrübet,
Weil er ihn so sehr geliebet,
Ließ ihn bringen nach Peterwardein.

(M und T: Volksgut)

Es war eine stolze Jüdin

(Die Jüdin)

2. „Ach Mutter, liebe Mutter,
Mein Kopf tut mir so weh;
Laß mich eine kleine Weile
Spazieren auf grüner Heide,
Bis daß mir besser wird."

3. „Ach Tochter, Herzenstochter,
Das kann und darf nicht sein;
Was sagten da die Leute,
Wollt'st du auf grüner Heide
Allein spazierengehn!"

4. Die Mutter kehrt' den Rücken,
Die Tochter nahm ein'n Sprung;
Sie sprang wohl in die Straßen.
Wo Herrn und Schreiber saßen,
Dem Schreiber sprang sie zu.

5. „Ach Schreiber, liebster Schreiber,
Mein Herz tut mir so weh;
Laß mich eine kleine Weile
Nur ruhn an deiner Seite,
Bis daß mir besser wird."

6. „Ach Jüdin, liebste Jüdin,
Das kann und darf nicht sein;
Willst du dich lassen täufen,
Marianne sollst du heißen,
Mein Weibchen sollst du sein."

7. „Ach Schreiber, liebster Schreiber,
Das kann und darf nicht sein;
Eh' ich mich lasse täufen,
Viel lieber will ich mich ersäufen
Wohl in dem tiefsten See."

8. Sie schwang sich um ihren Mantel
Und wandt' sich nach dem See:
„Ade, mein Vater und Mutter,
Ade, du stolzer Bruder!
Ich seh' euch nimmermeh."

(M und T: Volksgut)

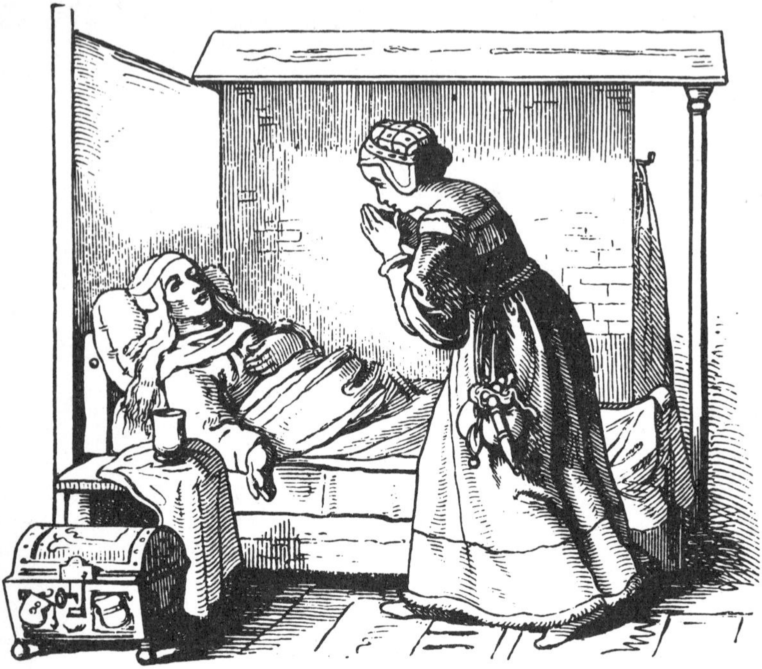

Es war ein Markgraf überm Rhein
(Liebesdienst)

3. Die dritte, die blieb ganz allein,
Bis Vater und Mutter gestorben sein.

4. Dann zog sie weit im Land umher,
Wußt' nicht, wo ihre Schwestern wärn.

5. Sie kam vor eines Kaufmanns Tür
Und klopfet da so leise für.

6. „Wer ist denn drauß, wer klopfet an,
Der mich so leis aufwecken kann?"

7. „Es ist ein armes Mägdelein,
Die wollt' gern eine Dienstmagd sein."

8. „Ach Mägdlein, du bist viel zu fein;
Du gehst gern mit den Herrelein!"

9. „Ach nein, ach nein, das tu ich nicht,
Mein Ehre mir viel lieber ist."

10. Sie dingt das Mägdlein ein halbes Jahr,
Das Mägdlein dient ihr sieben gar.

11. Und als die sieben Jahr' um warn,
Das Mägdlein fing zu kränkeln an.

12. „Ach Mägdlein, wenn du krank willst sein,
Sag an, wer sind die Eltern dein!"

13. „Mein Vater war Markgraf an dem Rhein,
Mein Mutter Königs Töchterlein."

14. „Ach nein, ach nein, das kann nicht sein!
Sonst wärst du mein jüngstes Schwesterlein."

15. „Und wenn du mir's nicht glauben willst,
So tritt vor meine Lade hin!

16. Daran wird es geschrieben stehn,
Du kannst's mit eignen Augen sehn."

17. Und als sie vor die Lade trat,
Schossen ihr die Tränen die Wangen 'rab.

18. „Ach hätt'st du's nicht eher können sag'n!
Hätt'st Samt und Seide sollen trag'n."

19. „Kein Samt und Seide trag' ich nicht,
Zum Sterben bin ich hergericht'."

20. „Ach, bringt mir Weck, ach, bringt mir Wein!
Sonst stirbt mein jüngstes Schwesterlein."

21. „Ich will kein' Weck, ich will kein' Wein,
Will nur ein kleines Särgelein."

22. Und als das Mägdlein gestorben war,
Da wuchsen drei Lilien auf ihrem Grab.

23. Und unter der mittelsten stund geschrieb'n:
Das Mägdlein wär' bei Gott geblieb'n.

(M und T: Volksgut)

War einst ein Riese Goliath

(Die Geschichte von Goliath und David)

2. An seinen Schnurrbart sah man nur
Mit Gräsen und mit Graus,
Und dabei sah er von Natur
Pur wie der Teufel aus.
Sein Sarraß war, man glaubt es kaum,
So groß schier als ein Weberbaum.

3. Er hatte Knochen wie ein Gaul
Und eine freche Stirn
Und ein entsetzlich großes Maul
Und nur ein kleines Hirn;
Gab jedem einen Rippenstoß
Und flunkerte und prahlte groß.

4. So kam er alle Tage her
Und sprach Israel Hohn.
„Wer ist der Mann? Wer wagt's mit mir?
Sei Vater oder Sohn,
Er komme her, der Lumpenhund,
Ich box 'n nieder auf den Grund."

5. Da kam in seinem Schäferrock
Ein Jüngling zart und fein;
Er hatte nichts als seinen Stock,
Als Schleuder und den Stein
Und sprach: „Du hast viel Stolz und Wehr,
Ich komm' im Namen Gottes her."

6. Und damit schleudert' er auf ihn
Und traf die Stirne gar;
Da fiel der große Esel hin,
So lang und dick er war.
Und David haut' in guter Ruh'
Ihm nun den Kopf noch ab dazu.

7. Trau nicht auf deinen Tressenhut,
Noch auf den Klunker dran!
Ein großes Maul es auch nicht tut,
Das lern vom langen Mann!
Und von dem kleinen lerne wohl,
Wie man mit Ehren fechten soll!

(M: Gottfried W. Fink, T: Matthias Claudius)

1519.

Von fröhlichen Zechern

O du lieber Augustin

(M und T: Volksgut, schon vor 1800 bekannt)

2. O du lieber Augustin,
's Geld is' hin, 's Madl is' hin;
O du lieber Augustin, alles is' hin!
's Geld is' weg, 's Madl is' weg,
Augustin liegt im Dreck!
O du lieber Augustin, alles is' hin!

Ich bin der Doktor Eisenbart

2. Zu Potsdam trepanierte ich
Den Koch des Großen Friederich.
Ich schlug ihn mit dem Beil vorn Kopf,
Gestorben ist der arme Tropf.

3. Zu Ulm kuriert' ich einen Mann.
Daß ihm das Blut vom Beine rann.
Er wollte gern gekuhpokt sein,
Ich impft's ihm mit dem Bratspieß ein.

4. Des Küsters Sohn zu Dideldum,
Dem gab ich zehn Pfund Opium.
Drauf schlief er Jahre, Tag und Nacht,
Und ist bis heut noch nicht erwacht.

5. Zu Wien kuriert' ich einen Mann,
Der hatte einen hohlen Zahn.
Ich schoß ihn raus mit der Pistol',
Ach Gott, wie ist dem Mann so wohl.

6. Zu Prag, da nahm ich einem Weib
Zehn Fuder Steine aus dem Leib.
Der letzte war ihr Leichenstein,
Sie wird jetzt wohl kurieret sein.

7. Das ist die Art, wie ich kurier',
Sie ist probat, ich bürg' dafür.
Daß jedes Mittel Wirkung tut,
Schwör' ich bei meinem Doktorhut.

(M und T: Volksgut)

Am Sonntag, da ißt der Meister Bohne

(M und T: Volksgut)

2. Am Montag, am Montag,
Da schlaf' ich bis um viere,
Da kommt ein lust'ger Spießgesell,
Da gehen wir zum Biere.

3. Am Dienstag, am Dienstag,
Da schlaf' ich bis um zehne,
Und wenn mich dann der Meister weckt,
Dreh' ich mich um und gähne.

4. Am Mittwoch, am Mittwoch,
Da ist die Mitt der Wochen,
Da hat der Meister 's Fleisch verzehrt,
Behalt' er auch die Knochen!

5. Am Donnerstag, am Donnerstag,
Da ist es gut zu spaßen,
Da nehm' ich's schwarzbraun Mägdelein,
Und geh' mit auf der Gassen.

6. Am Freitag, am Freitag,
Da kommt's Gewerb zusammen,
Da ess' ich drin zum Abendbrot
Die schönste Butterbemmen.

7. Am Sonnabend, am Sonnabend,
Da ist die Woch' zu Ende,
Da geh' ich zur Frau Meisterin
Und hol' mir'n reines Hemde.

Hab' mein'n Wage vollgelade

2. Hab' mein'n Wage vollgelade,
Voll mit Männern alten.
Als wir in die Stadt 'neinkamen
Murrten sie und schalten.
Drum lad' ich all mein Lebetage
Nie alte Männer auf mein'n Wage.
Hü, Schimmel, hü!

3. Hab' mein'n Wage vollgelade,
Voll mit jungen Mädchen.
Als wir zu dem Tor 'neinkamen,
Sangen sie durchs Städtchen.
Drum lad' ich all mein Lebetage
Nur junge Mädchen auf mein'n Wage.
Hü, Schimmel, hü!

(M und T: Volkslied aus dem 17. Jahrhundert, ursprünglich aus den Niederlanden, als Fuhrmannslied viel gesungen)

Schwarzbraun ist die Haselnuß

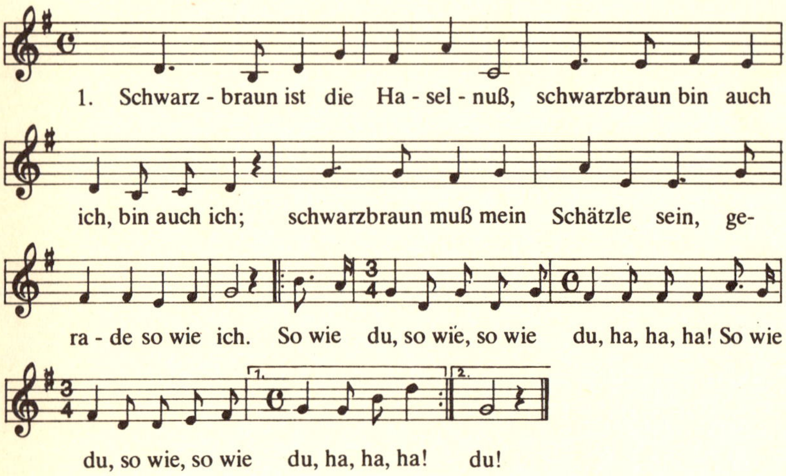

2. 's Madl hat mir a Busserl geben,
Hat mich schwer gekränkt,
Hab' ihr's aber wiedergeben,
Mag ja nichts geschenkt.

3. 's Madl hat nicht Hof noch Haus,
's Madl hat kein Geld.
Doch ich geb' es nicht heraus
Für alles in der Welt.

4. Schwarzbraun ist die Haselnuß,
Schwarzbraun bin auch ich.
Wenn ich eine heiraten tu,
So muß sie sein wie ich.

(M und T: Volksgut)

Wo mag denn nur mein Christian sein

2. In seiner Stub', da hängt ein Holz,
Damit hat er gedroschen,
Schau' ich mir diesen Flegel an,
So denk' ich an mein' Christian.

3. Auf unserm Hof, da steht ein Klotz,
Darauf hat er gesessen.
Schau' ich nur diesen Holzklotz an,
So denk' ich an mein' Christian.

4. Der Esel, der den Milchkarr'n zog,
Den hat er selbst geführet.
Hör' ich nur diesen Esel schrein,
So fällt mir gleich mein Christian ein.

5. In unserm Stall, da steht 'ne Kuh,
Die hat er oft gemolken.
Schau' ich mir dieses Rindvieh an,
So denk' ich an mein' Christian.

(M und T: Volksgut aus Schleswig-Holstein)

Jetzt fahrn wir übern See

(M und T: Volksgut aus Böhmen)

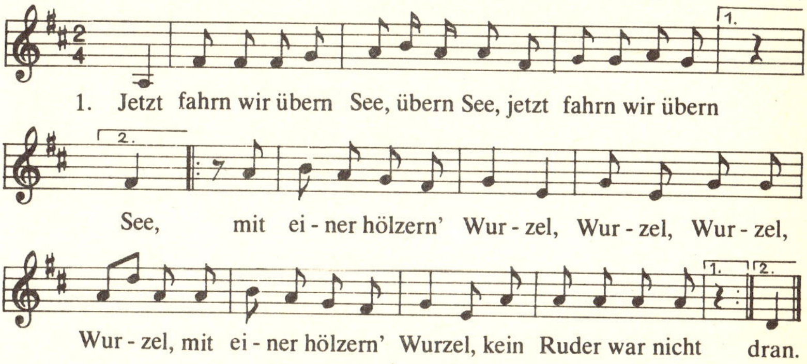

2. Und als wir drüber war'n, drüber war'n,
Und als wir drüber war'n,
Da sangen alle Vöglein,
Vöglein, Vöglein, Vöglein,
Da sangen alle Vöglein,
Der helle Tag brach an.

3. Der Jäger blies ins Horn, ins Horn,
Der Jäger blies ins Horn,
Da bliesen alle Jäger,
Jäger, Jäger, Jäger,
Da bliesen alle Jäger,
Ein jeder in sein Horn.

4. Das Liedlein, das ist aus, ist aus,
Das Liedlein, das ist aus.
Und wer das Lied nicht singen kann,
Singen, singen, singen kann,
Und wer das Lied nicht singen kann,
Der fang's von vorne an!

Was macht der Fuhrmann?

2. Was macht der Fährmann?
Der Fährmann legt ans Ufer an
Und denkt: „Ich halt nicht lange still,
Es komme, wer da kommen will.“

3. Da kam der Fuhrmann
Mit seinem großen Wagen an,
Der war mit Kisten vollgespickt,
Daß sich der Fährmann sehr erschrickt.

4. Da sprach der Fährmann:
„Ich fahr’ euch nicht, Gevattersmann,
Gebt ihr mir nicht aus jeder Kist’
Ein Stück von dem, was drinnen ist.“

5. „Ja“, sprach der Fuhrmann.
Und als sie kamen drüben an,
Da öffnet er die Kisten geschwind,
Da war nichts drin als lauter Wind.

6. Schalt da der Fährmann?
O nein, o nein! Er lachte nur:
„Aus jeder Kist’ ein bißchen Wind,
Dann fährt mein Schifflein auch geschwind.“

(M und T: Volkslied aus Westfalen)

Es geht ein Rundgesang

(M und T: Volksgut)

Wenn wir marschieren (Ausmarsch)

2. Der Wirt muß borgen,
Er soll nicht rappelköpfisch sein,
Sonst kehrn wir morgen
Beim andern ein.
Darum, mein Mädel usw.

3. Des Wirtes Töchterlein,
Die trägt ein blaukariertes Kleid;
Sie trägt das blaue
Zum Zeitvertreib.
Darum, mein Mädel usw.

4. Weg mit den Sorgen,
Weg mit der Widerwärtigkeit!
Schwarzbraunes Mädel,
Du wirst mein Weib.
Darum, mein Mädel usw.

(M und T: Volksgut)

Wie sind mir meine Stiefel geschwoll'n

2. Ich nahm die Stiefel und schmierte den Speck
Und schlug die Eier wohl über den Dreck.

3. Ich macht' den Ofen wohl in das Feuer
Und schlug die Suppen wohl über die Eier.

4. Ich nahm die Stube und kehrte den Besen,
Die Mäuse, die haben die Katze gefressen.

5. Es reiten drei Tore zum Reiter hinaus,
Das Wirtshaus, das schaute zum Fenster heraus.

6. Der Haber, der hat das Pferd verzehrt,
Drum ist das Lied ganz umgekehrt.

(M und T: Volksgut)

Freut euch des Lebens

(Rundgesang)

2. Freut euch des Lebens,
Wenn scheu die Schöpfung sich verhüllt
Und laut der Donner ob uns brüllt,
So scheint am Abend nach dem Sturm
Die Sonne doch so schön.

3. Freut euch des Lebens,
Wer Redlichkeit und Treue liebt
Und gern dem ärmern Bruder gibt,
Bei dem baut sich Zufriedenheit
So fest ihr Hüttchen auf.

4. Freut euch des Lebens,
Und wenn der Pfad sich furchtbar engt
Und Mißgeschick uns plagt und drängt,
So reicht die Freundschaft schwesterlich
Dem Redlichen die Hand.

5. Freut euch des Lebens,
Sie trocknet ihm die Tränen ab
Und streut ihm Blumen in das Grab;
Sie wandelt Nacht in Dämmerung
Und Dämmerung in Licht.

6. Freut euch des Lebens,
Sie ist des Lebens schönstes Band;
Schlagt, Brüder, traulich Hand in Hand!
So wallt man froh, so wallt man leicht
Ins bess're Vaterland.

(M: Hans Georg Nägeli, T: Martin Usteri)

Im Krug zum grünen Kranze
(Brüderschaft)

2. Ein Glas war eingegossen,
Das wurde nimmer leer;
Sein Haupt ruht auf dem Bündel,
Als wär's ihm viel zu schwer.

3. Ich tät' mich zu ihm setzen,
Ich sah ihm ins Gesicht;
Das schien mir gar befreundet,
Und dennoch kannt' ich's nicht.

4. Da sah auch mir ins Auge
Der fremde Wandersmann,
Und füllte meinen Becher
Und sah mich wieder an.

5. Hei, wie die Becher klangen,
Wie brannte Hand in Hand!
„Es lebe die Liebste deine,
Herzbruder, im Vaterland!"

(M: Volksweise, T: Wilhelm Müller)

ZUM · GRUNEN · KRANZ

Als ich ein Junggeselle war

(Der Tod von Basel)

2. Da ging ich auf den Kirchhof hin
Und bat den lieben Tod:
„Ach, lieber Tod von Basel,
Hol mir meine Alte fort!"

3. Und als ich wieder nach Hause kam,
Mein' Alte war schon tot.
Ich spannt' die Ross' vor 'n Wagen
Und fuhr mein' Alte fort.

4. Und als ich auf den Kirchhof kam,
Das Grab war schon gemacht.
„Ihr Träger, tragt fein sachte,
Daß die Alte nicht erwacht!

5. Scharrt zu, scharrt zu, scharrt immer zu
Das alte böse Weib!
Sie hat ihre Lebetage
Geplagt mein'n jungen Leib."

6. Und als ich wieder nach Hause kam,
War'n Tisch und Bett zu weit.
Ich wartete kaum drei Tage
Und nahm ein junges Weib.

7. Das junge Weiberl, das ich nahm,
Das schlug mich alle Tag'.
Ach, lieber Tod von Basel,
Hätt' ich mein' alte Plag'!

(M und T: Volksgut, seit dem 16. Jahrhundert bekannt)

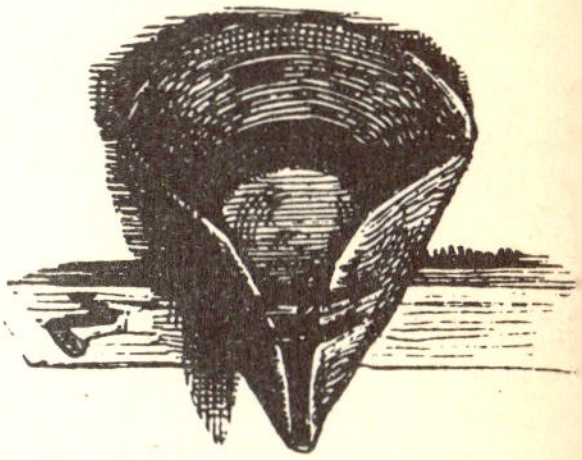

Mein Hut, der hat drei Ecken

(M: nach einem neapolitanischen Volkslied, T: Volksgut)

Es steht ein Wirtshaus an der Lahn

(Rheinisches Studentenlied)

2. Frau Wirtin hat auch einen Knecht,
Und was er tut, das ist ihr recht,
Er tut sie karessieren.
Des Morgens, wenn er früh aufsteht,
Kann er kein Glied mehr rühren.

3. Frau Wirtin hat auch eine Magd,
Die sitzt im Garten und rupft Salat,
Sie kann es kaum erwarten,
Bis daß das Glöcklein zwölfe schlägt,
Da kommen die Soldaten.

4. Und als das Glöcklein zwölfe schlug,
Da hatte sie noch nicht genug;
Da fing sie an zu weinen
Mit Ei, ei, ei und Ach, ach, ach:
Nun hab' ich wieder keinen!

Im kühlen Keller sitz' ich hier

(Der Trinker)

(M: L. Fischer, T: Karl Müchler)

2. Mich plagt der Dämon, Durst genannt,
Und um ihn zu verscheuchen,
Nehm' ich ein Deckelglas zur Hand
Und lass' mir Rheinwein reichen.
Die ganze Welt erscheint mir nun
In rosenroter Schminke:
Ich könnte keinem Leides tun –
Ich trinke, trinke, trinke.

3. Allein mein Durst vermehrt sich nur
Bei jedem frischen Becher:
Das ist die leidige Natur
Der rechten Rheinweinzecher.
Doch tröst' ich mich, wenn ich zuletzt
Vom Faß zu Boden sinke:
Ich habe keine Pflicht verletzt –
Denn ich, ich trinke, trinke.

Hier sitz' ich auf Rasen (Neuer Vorsatz)

(M: aus „Schneiders Commersliedern", Halle, 1801, T: Klamer Schmidt, 1781)

2. Das menschliche Leben eilt schneller dahin
Als Räder am Wagen;
Wer weiß, ob ich morgen am Leben noch bin!

3. Drum will ich mich laben am Wein und am Kuß,
Bis daß ich hinunter
Ins traurige Dunkel der Schattenwelt muß.

4. Drum will ich auch lieben, solang es noch geht.
Bekränzt mich mit Rosen
Und gebt mir ein Mädchen, die 's Küssen versteht!

5. Und wenn uns im Herbste der Sensenmann ruft,
So steigen wir freudig,
So steigen wir freudig vereint in die Gruft.

's ist nichts mit den alten Weibern

(Alte Weiber)

2. Miff, Muff, geht es in dem Hause,
Den ganzen Tag herum;
Junge Mädel gehn halt grade,
Alte Weiber gehn krumm.

3. Drum, liebe Junggesellen,
Freit ja keine Alte nicht!
Denn ihr müßt sie fein behalten,
Bis der Tod ihr's Herze bricht.

(M und T: Volksgut)

Bier her!

2. Bier her! Bier her! Oder ich fall' um, juchhe!
Bier her! Bier her! Oder ich fall' um!
Wenn ich nicht gleich Bier bekumm,
Schmeiss' ich die ganze Kneipe um! Drum:
Bier her! Bier her! Oder ich fall' um!

(M und T: Volksgut)

Bekränzt mit Laub

(Am Rhein, am Rhein)

2. Er kommt nicht her aus Ungarn, noch aus Polen,
Noch wo man franzmänn'sch spricht.
Da mag Sankt Veit, der Ritter, Wein sich holen,
Wir holen ihn da nicht.

3. Ihn bringt das Vaterland aus seiner Fülle;
Wie wär' er sonst so gut!
Wie wär' er sonst so edel, wäre stille,
Und doch voll Kraft und Mut!

4. Er wächst nicht überall im deutschen Reiche,
Und viele Berge, hört,
Sind, wie die weiland Kreter, faule Bäuche,
Und nicht der Stelle wert.

5. Thüringens Berge zum Exempel bringen
Gewächs, sieht aus wie Wein,
Ist's aber nicht, man kann dabei nicht singen,
Dabei nicht fröhlich sein.

6. Im Erzgebirge dürft ihr auch nicht suchen,
Wenn Wein ihr finden wollt;
Das bringt nur Silbererz und Kobaltkuchen
Und etwas Lausegold.

7. Der Blocksberg ist der lange Herr Philister,
Er macht nur Wind, wie der;
Drum tanzen auch der Kuckuck und sein Küster
Auf ihm die Kreuz und Quer.

8. Am Rhein, am Rhein, da wachsen unsre Reben,
Gesegnet sei der Rhein!
Da wachsen sie am Ufer hin, und geben
Uns diesen Labewein.

9. So trinkt, so trinkt, und laßt uns allewege
Uns freu'n und fröhlich sein!
Und wüßten wir, wo jemand traurig läge,
Wir gäben ihm den Wein.

(M: Johann André, T: M. Claudius)

Am Brunnen vor dem Tore

(Der Lindenbaum)

2. Ich mußt' auch heute wandern vorbei in tiefer Nacht,
Da hab' ich noch im Dunkel die Augen zugemacht.
Und seine Zweige rauschten, als riefen sie mir zu:
„Komm her zu mir, Geselle! Hier findst du deine Ruh'."

3. Die kalten Winde bliesen mir grad ins Angesicht;
Der Hut flog mir vom Kopfe — ich wendete mich nicht.
Nun bin ich manche Stunde entfernt von jenem Ort,
Und immer hör' ich's rauschen: „Du fändest Ruhe dort!"

(M: Franz Schubert, T: Wilhelm Müller)

Ein Schlosser hat ein'n G'sellen g'habt
(Der Schlosser und sein Gesell)

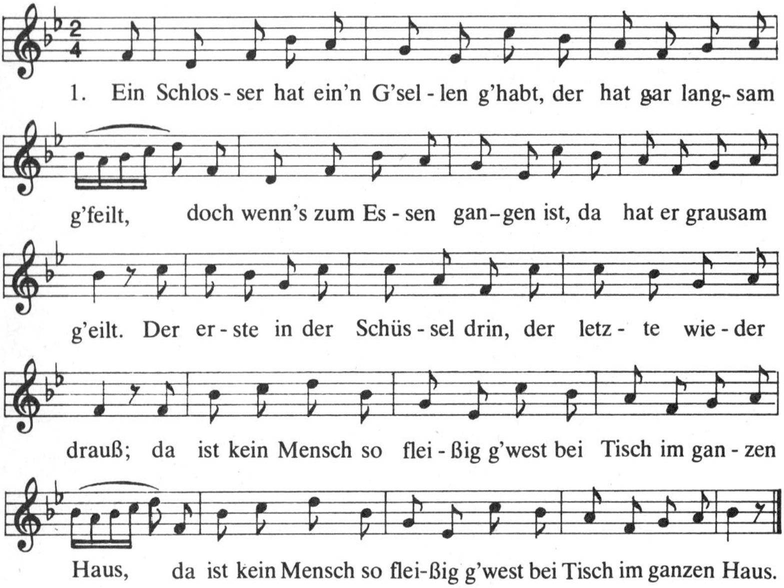

2. „G'sell", hat einmal der Meister g'sagt,
„Hör, das versteh' ich net;
Es ist doch all mein Lebtag g'west,
So lang ich denk', die Red':
So wie man arbeit't, ißt man auch.
Bei dir geht's nimmer so;
So langsam hat noch keiner g'feilt
Und ißt so g'schwind wie du."

3. „Ja", sagt der G'sell, „das weiß ich schon,
Hat alls sein'n guten Grund;
Das Essen währt halt gar nit lang,
Die Arbeit vierzehn Stund'.
Wenn einer müßt' den ganzen Tag
In ein'm Stück essen fort,
Würd's auch gar bald so langsam gehn
Als wie beim Feilen dort."

(M: Volksgut, T: Konrad Grübel)

FLEGEL.N.

Ich hab' den ganzen Vormittag

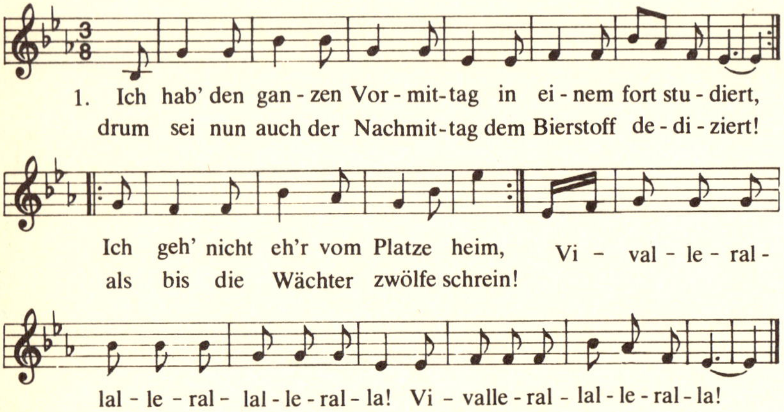

2. Heda, Herr Wirt, so schlepp' er denn mir einen Stiefel bei!
Es kommt mir vor in meinem Sinn, als ob ich durstig sei.
Auch dir, mein lieber Freund, sei jetzt
Ein frischer Schoppen vorgesetzt!

3. Was ist des Lebens höchste Lust? Die Liebe und der Wein.
Wenn's Liebchen ruht an meiner Brust, dünk' ich mir Fürst zu sein;
Und bei dem edlen Gerstensaft
Träum' ich von Kron' und Kaiserschaft.

4. Wer nie der Schönheit Reiz empfand, wer sich nicht freut beim Wein,
Dem reich' ich nicht als Freund die Hand, mag nicht sein Bruder sein;
Sein Leben gleicht, wie mir es dünkt, dem Felde,
Das nur Dornen bringt!

5. Schon oft hab' ich, bei meiner Seel', darüber nachgedacht,
Wie gut's der Schöpfer dem Kamel und wie bequem gemacht;
Es trägt ein Faß im Leib daher;
Wenn nur Champagner drinnen wär'!

6. Herr Wirt, nehm' er das Glas zur Hand und schenk' er wieder ein!
Schreib' er's nur dort an jene Wand, gepumpet muß es sein!
Sei er fidel, ich lass' ihm ja
Mein Cerevis zum Pfande da.

7. Ihr lieben Brüder, sagt mir doch, wo der Verstand mir weilt,
Es kommt mir vor in meinem Sinn, als wär' ich fast bekeilt;
Das Auge lallt, die Nas' ist schwer
Und meine Zunge sieht nicht mehr.

8. O wär's nur alle Tag' wie heut, da wär' mir alles Wurst,
Bleibt mir die Leber nur gescheit; denn die hat immer Durst.
Mein Glas und ich sind immer voll,
Drum guten Morgen! Schlafet wohl!

(M und T: Volksgut/Studentenlied)

Zu Regensburg auf der Kirchturmspitz'

2. Und als die Schneider Jahrestag hattn,
Da waren sie alle froh.
Da aßen ihrer neunzig,
Ja neunmal neunundneunzig
An ein'm gebrat'nen Floh.

3. Und als sie nun gegessen hattn,
Da waren sie voller Mut.
Da tranken ihrer neunzig,
Ja neunmal neunundneunzig
Aus einem Fingerhut.

4. Und als sie nun getrunken hattn,
Da kamen sie in die Hitz'.
Da tanzten ihrer neunzig,
Ja neunmal neunundneunzig
Auf einer Nadelspitz'.

5. Und als sie nun getanzet hattn,
Da gingen sie zur Ruh'.
Da schliefen ihrer neunzig,
Ja neunmal neunundneunzig
Auf einem Halmen Stroh.

6. Und als sie nun im Schlafe warn,
Da raschelt' eine Maus.
Da schlüpften ihrer neunzig,
Ja neunmal neunundneunzig
Zum Schlüsselloch hinaus.

(M und T: Volksgut)

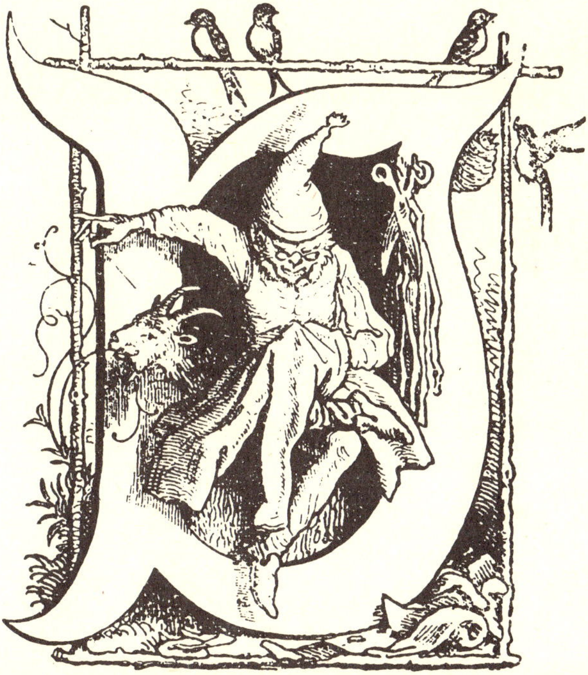

Gold und Silber

2. Doch viel schöner ist das Gold,
Das vom Lockenköpfchen
Meines Liebchens niederrollt
In zwei blonden Zöpfchen.
Darum komm, mein liebes Kind,
Laß uns herzen, küssen,
Eh' die Locken silbern sind,
Und wir scheiden müssen.

3. Seht, wie blinkt der goldne Wein
Hier in meinem Becher,
Horcht, wie klingt so silberrein
Froher Sang der Zecher!
Daß die Zeit einst golden war,
Wer wollt' das bestreiten,
Denkt man doch im Silberhaar,
Gern vergangner Zeiten.

(M: F. H. Truhn, T: A. Schnezler)

Rundgesang und Gerstensaft

2. Lichtenhain und Ammerbach
Und die Rasenmühle
Sind die Orte, wo man mag
Sich gemütlich fühle!

3. Nürnberg, Augsburg, München
Liefern braune Brühe,
Diesen Stoff zu tilgen
Kost' uns nicht viel Mühe.

4. Auch in Leipzig an der Pleiß'
Gibt es gute Gose,
Ist sie auch so gelblich-weiß,
Schmeckt wie Wein mit Soße.

(Studentenlied)

Was kommt dort von der Höh'?

(Beim Fuchsritt zu singen)

2. Es ist ein Postillion,
Es ist ein lederner Postillion, . . .

3. Was bringt der Postillion,
Was bringt der lederne Postillion? . . .

4. Er bringt 'nen Fuchsen mit,
Er bringt 'nen ledernen Fuchsen mit, . . .

5. „Ihr Diener, meine Herrn!
Ihr Diener, meine hochzuverehrenden Herrn, . . ."

6. Was macht der Herr Papa?
Was macht der lederne Herr Papa? . . .

7. „Er liest im Kikero,
Er liest im ledernen Kikero, . . ."

8. Was macht die Frau Mama?
Was macht die lederne Frau Mama? . . .

9. „Sie fängt dem Papa Flöh'
Sie fängt dem ledernen Papa Flöh'! . . ."

10. Was macht die Mamsell Sœur?
Was macht die lederne Mamsell Sœur? . . .

11. „Sie strickt dem Papa Strümpf',
Sie strickt dem Papa lederne Strümpf'! . . ."

12. Was macht der Herr Rektor?
Was macht der lederne Herr Rektor? . . .

13. „Er prügelt seine Bub'n!
Er prügelt seine ledernen Bub'n! . . .

14. Raucht auch der Fuchs Tabak?
Raucht auch der lederne Fuchs Tabak? . . .

15. „Ein wenig, meine Herrn,
Ein wenig, meine hochzuverehrenden Herrn! . . ."

16. So steck' er sich eins an,
So steck' er sich ein ledernes an, . . .

17. „Ach, ach, es wird mir weh,
Ach, ach, es wird mir ledern weh, . . ."

18. So brech' er sich mal aus,
So brech' er sich mal ledern aus, . . .

19. „Jetzt ist mir wieder wohl,
Jetzt ist mir wieder ledern wohl, . . ."

20. So wird der Fuchs ein Bursch,
So wird der lederne Fuchs ein Bursch, . . .

(Studentenlied)

O alte Burschenherrlichkeit

2. Den Burschenhut bedeckt der Staub,
Es sank der Flaus in Trümmer,
Der Schläger ward des Rostes Raub,
Erblichen ist sein Schimmer.
Verklungen der Kommersgesang,
Verhallt Rapier- und Sporenklang.

3. Wo sind die, die vom breiten Stein
Nicht wankten und nicht wichen,
Die ohne Moos bei Scherz und Wein
Den Herrn der Erde glichen?
Sie zogen mit gesenktem Blick
In das Philisterland zurück.

4. Da schreibt mit finsterm Amtsgesicht
Der eine Relationen,
Der andre seufzt beim Unterricht,
Und der macht Rezensionen;
Der schilt die sünd'ge Seele aus,
Und der flickt ihr verfall'nes Haus.

5. Allein das rechte Burschenherz
Kann nimmermehr erkalten,
Im Ernste wird, wie hier im Scherz,
Der rechte Sinn stets walten;
Die alte Schale nur ist fern,
Geblieben ist uns doch der Kern,
Und den laßt fest uns halten,
Und den laßt fest uns halten!

6. Drum, Freunde, reichet euch die Hand,
Damit es sich erneue,
Der alten Freundschaft heil'ges Band,
Das alte Band der Treue.
Stoßt an und hebt die Gläser hoch,
Die alten Burschen leben noch,
Noch lebt die alte Treue,
Noch lebt die alte Treue!

(Studentenlied)

Ihren Schäfer zu erwarten

(Phyllis und die Mutter)

2. Ihre Mutter kam ganz leise,
Nach der alten Mütterweise,
Nachgeschlichen, o wie fein,
Fand das Mädchen ganz allein.

3. Ihrem Schlummer halb entrissen,
Von den zarten Mutterküssen,
Rief das Mädchen: „Ach, Damöt,
Warum kommst du heut so spät?"

4. „Ei, so hast du mich belogen?
Deine Unschuld ist betrogen,
Ihm zur Schmach und dir zur Pein
Sperr' ich dich ins Kloster ein!"

5. „Kloster ist nicht mein Verlangen,
Bist ja selbst nicht 'neingegangen,
Und wenn's allen so sollt' gehn,
Möcht' ich mal die Klöster sehn!"

(M und T: Volksgut)

Draußen auf grüniger Heide

(M und T: Volksgut)

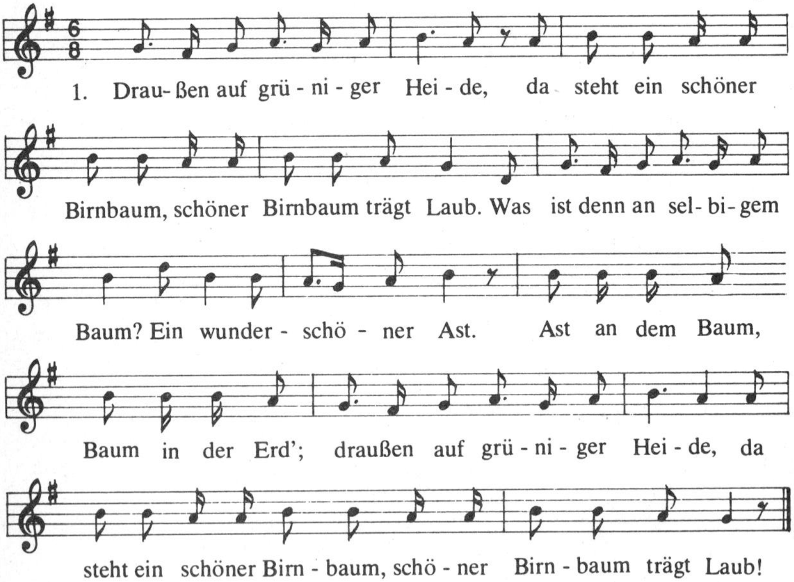

2. Draußen auf grüniger Heide, da steht ein schöner Birnbaum,
Schöner Birnbaum trägt Laub.
Was ist denn an selbigem Ast?
Ein wunderschöner Zweig.
Zweig an dem Ast, Ast an dem Baum, Baum in der Erd';
Draußen auf...

3. Draußen auf grüniger Heide, da steht ein schöner Birnbaum,
Schöner Birnbaum trägt Laub.
Was ist denn an selbigem Zweig?
Ein wunderschönes Nest.
Nest an dem Zweig, Zweig an dem Ast, Ast an dem Baum, Baum in der Erd';
Draußen auf...

4. Draußen auf grüniger Heide, da steht ein schöner Birnbaum,
Schöner Birnbaum trägt Laub.
Was ist denn in selbigem Nest?
Ein wunderschöner Vogel.
Vogel in dem Nest, Nest an dem Zweig, Zweig an dem Ast, Ast an dem Baum,
Baum in der Erd';
Draußen auf...

5. Draußen auf grüniger Heide, da steht ein schöner Birnbaum,
Schöner Birnbaum trägt Laub.
Was ist denn an selbigem Vogel?
Eine wunderschöne Feder.
Feder an dem Vogel, Vogel in dem Nest, Nest an dem Zweig, Zweig an dem Ast,
Ast an dem Baum, Baum in der Erd';
Draußen auf...

6. Draußen auf grüniger Heide, da steht ein schöner Birnbaum,
Schöner Birnbaum trägt Laub.
Was wird denn aus selbiger Feder?
Ein wunderschönes Bett.
Bett von der Feder, Feder von dem Vogel, Vogel in dem Nest, Nest an dem
Zweig, Zweig an dem Ast, Ast an dem Baum, Baum in der Erd';
Draußen auf...

7. Draußen auf grüniger Heide, da steht ein schöner Birnbaum,
Schöner Birnbaum trägt Laub.
Was ist denn in selbigem Bett?
Ein wunderschönes Kind!
Kind in dem Bett, Bett von der Feder, Feder von dem Vogel, Vogel in dem
Nest, Nest an dem Zweig, Zweig an dem Ast, Ast an dem Baum, Baum in
der Erd'!
Draußen auf grüniger Heide, da steht ein schöner Birnbaum,
Schöner Birnbaum trägt Laub!

Es zogen drei Burschen wohl über den Rhein

(Der Wirtin Töchterlein)

2. „Frau Wirtin, hat sie gut Bier und Wein?
Wo hat sie ihr schönes Töcherlein?“

3. „Mein Bier und Wein ist frisch und klar;
Mein Töchterlein liegt auf der Totenbahr’!“

4. Und als sie traten zur Kammer hinein,
Da lag sie in einem schwarzen Schrein.

5. Der erste, der schlug den Schleier zurück
Und schaute sie an mit traurigem Blick:

6. „Ach, lebtest du noch, du schöne Maid!
Ich würde dich lieben von dieser Zeit!“

7. Der zweite deckte den Schleier zu
Und kehrte sich ab und weinte dazu:

8. „Ach, daß du liegst auf der Totenbahr’!
Ich hab’ dich geliebet so manches Jahr!“

9. Der dritte hub ihn wieder sogleich
Und küßte sie auf den Mund so bleich:

10. „Dich liebt’ ich immer, dich lieb’ ich noch heut’
Und werde dich lieben in Ewigkeit!“

(M: Volksweise, T: Ludwig Uhland)

Hier sind wir versammelt

2. Ich hatte mein freundliches Liebchen gesehn,
Da dacht' ich mir: Ergo bibamus,
Und nahte mich freundlich; da ließ sie mich stehn.
Ich half mir und dachte: Bibamus.
Und wenn sie versöhnet euch herzet und küßt,
Und wenn ihr das Herzen und Küssen vermißt,
So bleibet nur, bis ihr was Besseres wißt,
Beim tröstlichen: Ergo bibamus!

3. Mich ruft mein Geschick von den Freunden hinweg;
Ihr Redlichen: Ergo bibamus!
Ich scheide von hinnen mit leichtem Gepäck;
Drum doppeltes: Ergo bibamus!
Und was auch der Filz von dem Leibe sich schmorgt,
So bleibt für den Heitern doch immer gesorgt,
Weil immer dem Frohen der Fröhliche borgt;
Drum Brüderchen: Ergo bibamus!

4. Was sollen wir sagen zum heutigen Tag!
Ich dächte nur: Ergo bibamus!
Er ist nun einmal von besonderem Schlag,
Drum immer aufs neue: Bibamus!
Er führet die Freude durchs offene Tor,
Es glänzen die Wolken, es teilt sich der Flor,
Da scheint uns ein Bildchen, ein göttliches, vor;
Wir klingen und singen: Bibamus!

(M: K. Eberwein, T: J. W. von Goethe)

Wenn ich einmal der Herrgott wär'

2. Wenn ich einmal der Herrgott wär',
Mein zweites wäre das:
Ich nähme meine Allmacht her
Und schüf' ein großes Glas,
Ein Glas so hoch bis an den Mond
Und wie die Erde rund,
Daß auch des Trinken sich's verlohnt,
Nähm' ich es an den Mund.

3. Und hätt' ich nach so manchem Tag
Das Faß so rein gefegt,
Daß sich bei noch so starkem Schlag
Kein Tröpfchen mehr drin regt,
Dann würf' ich auf die Knie mich
Und fing' laut an zu schrein:
„Laß mich, o Gott, ich bitte dich,
Noch einmal Herrgott sein!"

(M: Karl Binder, T: Eduard Amthor)

Im schwarzen Walfisch zu Askalon

2. Im schwarzen Walfisch zu Askalon
Da sprach der Wirt: „Halt an!
Der trinkt von meinem Dattelsaft
Mehr, als er zahlen kann.“

3. Im schwarzen Walfisch zu Askalon
Da bracht' der Kellner Schar
In Keilschrift auf sechs Ziegelstein'
Dem Gast die Rechnung dar.

4. Im schwarzen Walfisch zu Askalon
Da sprach der Gast: „O weh!
Mein bares Geld ging alles drauf
Im Lamm zu Ninive!“

5. Im schwarzen Walfisch zu Askalon
Da schlug die Uhr halb vier,
Da warf der Hausknecht aus Nubierland
Den Fremden vor die Tür.

6. Im schwarzen Walfisch zu Askalon
Wird kein Prophet geehrt,
Und wer vergnügt dort leben will,
Zahlt bar, was er verzehrt.

7. Im schwarzen Walfisch zu Askalon
Da schlug die Uhr halb neun,
Da warf der Hausknecht aus Nubierland
Den Fremden wieder rein.

(M: Volksweise, T: Jos. V. von Scheffel)

Von der Alpe ragt ein Haus

(Auf der Alm, da gibt's koa Sünd')

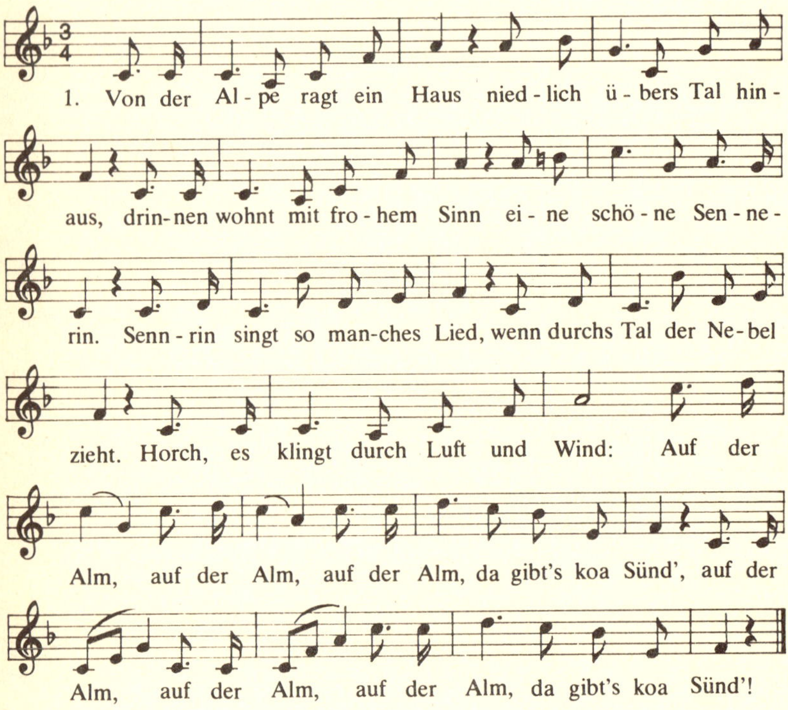

2. Als ich jüngst auf steilem Pfad
Ihrem Paradies genaht,
Trat sie flink zu mir heraus,
Bot zur Herberg' mir ihr Haus.
Fragt' nit lang: „Was tust allhier?“
Sondern setzte sich zu mir,
Sang ein Liedchen weich und lind:
Auf der Alm, da gibt's koa Sünd'!

3. Und als ich dann von ihr schied,
Klang von fern mir noch ihr Lied,
Und zugleich mit Schmerz und Lust
Trug ich's bei mir unbewußt.
Und seitdem, wo ich nur bin,
Schwebt mir vor die Sennerin,
Hör' sie rufen: Komm geschwind,
Auf der Alm, da gibt's koa Sünd'!

(M: Volksweise, T: J. N. Vogl)

Wo man singet, laß dich ruhig nieder

(Der Gesang)

2. Mit Gesange weiht dem schönen Leben
Jede Mutter ihren Liebling ein,
Trägt ihn lächelnd in den Maienhain,
Ihm das erste Wiegenlied zu geben.

3. Mit Gesange eilet in dem Lenze
Rasch der Knabe von des Meisters Hand,
Und die Schwester flicht am Wiesenrand
Mit Gesang dem Gaukler Blumenkränze.

4. Mit Gesange spricht des Jünglings Lieb',
Was in Worten unaussprechlich war,
Und der Freundin Herz wird offenbar
Im Gesange, den kein Dichter schrieb.

5. Männer hangen an der Jungfrau Blicken;
Aber wenn ein himmlischer Gesang
Seelenvoll der Zauberin gelang,
Strömt aus ihrem Strahlenkreis Entzücken.

6. Mit dem Liede, das die Weisen sangen,
Sitzen Greise froh vor ihrer Tür,
Fürchten weder Lanzen noch Visier;
Vor dem Liede beben die Tyrannen.

7. Mit dem Liede greift der Mann zum Schwerte,
Wenn es Freiheit gilt und Fug und Recht,
Steht und trotzt dem eisernen Geschlecht
Und begräbt sich dann im eignen Werte.

8. Wenn der Becher mit dem Traubenblute
Unter Rosen unsre Stunden kürzt,
Und die Weisheit unsre Freude würzt,
Macht ein Lied den Wein zum Göttergute.

9. Des Gesanges Seelenleitung bringet
Jede Last der Arbeit schneller heim,
Mächtig vorwärts geht der Tugend Keim;
Weh dem Lande, wo man nicht mehr singet!

(M: Volksgut, T: Johann Gottfried Seume)

Vetter Michel

2. Gestern abend war Vetter Michel hier,
Gestern abend war er da;
Der Vater saß am Herd und brummt',
Vetter Michel aber kummt;
Vetter Michel mit dem Beutel klingt,
Vetter Michel lacht, Vetter Michel singt,
Vetter Michel war gestern abend hier,
Gestern abend war er da.

3. Die Mutter saß an ihrem Rad,
Vetter Michel in die Stube trat;
Er schwatzte her, er schwatzte hin,
Das war der Frau nach ihrem Sinn.

4. Die Brüder kamen all' herbei,
Vetter Michel sprach da mancherlei;
Dem war's das Pferd, dem war's der Hund:
Vetter Michel es mit allem kunnt'.

5. Vetter Michel war wohl gestern hie,
Er stieß das Mädel an das Knie;
Das Mädel lacht, das Mädel schreit,
Vetter Michel ist es, der da freit.

(M und T: Volksgut aus Mecklenburg)

Wer niemals einen Rausch gehabt

2. Ein jeder Trinker lebe hoch,
Der bei dem vollen Glas
Schon oft der Arbeit hartes Joch,
Des Lebens Müh' vergaß!
Wer dich verschmäht, du edler Wein,
Der ist nicht wert, ein Mensch zu sein!

3. Wenn rein wie Gold das Rebenblut
In unsern Gläsern blinkt,
Sich jeder Zecher wohlgemut
Ein kleines Räuschchen trinkt:
Dann scheint die Welt mit ihrer Pracht
Für muntre Trinker nur gemacht.

4. Drum trink' ich, weil ich trinken kann
Und mir das Weinchen schmeckt,
So lange, bis der Sensenmann
Ins kühle Grab mich streckt.
Denn endet sich mein Lebenslauf,
So hört von selbst das Trinken auf.

(M: Wenzel Müller, T: Joachim Perinet)

Du, !

Mein Lebenslauf ist Lieb' und Lust

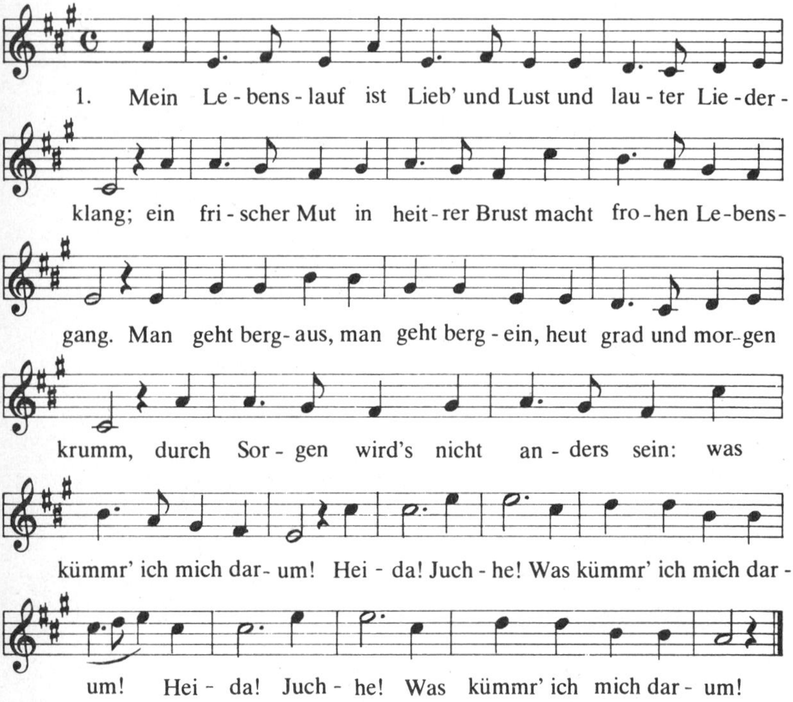

2. Das Leben wird, der Traube gleich,
Gekeltert und gepreßt,
So gibt es Most, wird freudenreich
Und feiert manches Fest.
Drum zag' ich nicht, engt mir die Brust
Des Schicksals Unmut ein:
Bald braus' ich auf in Lieb' und Lust
Und werde reiner Wein!
Heida! Juchhe! Und werde reiner Wein!

3. Die Zeit ist schlecht,
Mit Sorgen trägt sich schon das junge Blut,
Doch wo ein Herz voll Freude schlägt,
Da ist die Zeit noch gut.
Herein, herein, du lieber Gast,
Du, Freude komm zum Mahl,
Würz uns, was du bescheret hast,
Kredenze den Pokal!
Heida! Juchhe!
Kredenze den Pokal!

4. Beim großen Faß zu Heidelberg,
Da sitze der Senat,
Und auf dem Schloß Johannisberg
Der hochwohlweise Rat.
Der Herrn Minister Regiment
Soll beim Burgunderwein,
Der Kriegsrat und das Parlament
Soll beim Champagner sein.
Heida! Juchhe!
Soll beim Champagner sein.

5. So sind die Rollen ausgeteilt
Und alles wohl bestellt;
So wird die kranke Zeit geheilt
Und jung die alte Welt.
Der Traube Saft kühlt heiße Glut,
Drum leb' das neue Reich!
Ein Zechermut, ein wahrer Mut:
Der Wein macht alles gleich.
Heida! Juchhe!
Der Wein macht alles gleich!

(M: Volksgut, T: A. Mahlmann)

Wenn der Topf aber nun ein Loch hat

2. „Womit soll ich’s aber zustopfen, lieber Heinrich, . . .?“
„Mit Stroh, liebe, liebe Liese, liebe Liese, mit Stroh!“

3. „Wenn das Stroh aber nun zu lang ist, lieber . . .?“
„Hau es ab, liebe, liebe Liese, liebe Liese, hau ’s ab!“

4. „Womit soll ich’s aber abhauen, lieber . . .?“
„Mit dem Beil, liebe, liebe Liese, liebe Liese, mit ’m Beil!“

5. „Wenn das Beil aber nun zu stumpf ist, lieber . . .?“
„Mach es scharf, liebe, liebe Liese, liebe Liese, mach ’s scharf!“

6. „Womit soll ich’s aber scharf machen, lieber . . .?“
„Mit dem Stein, liebe, liebe Liese, liebe Liese, mit ’m Stein!“

7. „Wenn der Stein aber nun zu trocken ist, lieber . . .?“
„Mach ihn naß, liebe, liebe Liese, liebe Liese, mach ’n naß!“

8. „Womit soll ich’n aber naß machen, lieber . . .?“
„Mit dem Wasser, liebe, liebe Liese, liebe Liese, mit ’m Wasser!“

9. „Womit soll ich denn das Wasser holen, lieber . . .?“
„Mit dem Topf, liebe, liebe Liese, liebe Liese, mit ’m Topf!“

10. „Wenn der Topf aber nun ein Loch hat, lieber Heinrich, lieber Heinrich?“
„Laß es sein, dumme, dumme Liese, dumme Liese, laß ’s sein!“

(M und T: Volksgut)

Ich hab' mein' Sach' auf nichts gestellt

(Vanitas, vanitatum vanitas)

(M: L. Spohr, T: J. W. von Goethe)

2. Ich stellt' mein' Sach' auf Geld und Gut, juchhe!
Darüber verlor ich Freud' und Mut, o weh!
Die Münze rollte hier und dort,
Und hascht' ich sie an einem Ort,
Am andern war sie fort.

3. Auf Weiber stellt' ich nun mein' Sach', juchhe!
Daher mir kam viel Ungemach, o weh!
Die Falsche sucht' sich ein ander Teil,
Die Treue macht' mir Langeweil',
Die Beste war nicht feil.

4. Ich stellt' mein' Sach' auf Reis' und Fahrt, juchhe!
Und ließ meine Vaterlandesart, o weh!
Und mir behagt' es nirgends recht,
Die Kost war fremd, das Bett war schlecht,
Niemand verstand mich recht.

5. Ich stellt' mein' Sach' auf Ruhm und Ehr', juchhe!
Und sieh, gleich hatt' ein andrer mehr, o weh!
Wie ich mich hatt' hervorgetan,
Da sahen die Leute scheel mich an,
Hatt' keinem recht getan.

6. Ich setzt' mein' Sach' auf Kampf und Krieg, juchhe!
Und uns gelang so mancher Sieg, juchhe!
Wir zogen in Feindes Land hinein,
Dem Freunde sollt's nicht viel besser sein,
Und ich verlor ein Bein.

7. Nun hab' ich mein' Sach' auf nichts gestellt, juchhe!
Und mein gehört die ganze Welt, juchhe!
Zu Ende geht nun Sang und Schmaus.
Nur trinkt mir alle Neigen aus;
Die letzte muß heraus!

Brüder, lagert euch im Kreise

2. Flur, wo wir als Knaben spielten,
Ahnung künft'ger Taten fühlten,
Süßer Traum der Kinderjahre,
Kehr noch einmal uns zurück!

3. Brüdern, die vor vielen Jahren
Unsers Bundes Glieder waren,
Die der Bund stets liebt und ehret,
Sei ein schäumend Glas geweiht!

4. Weil uns noch die Gläser blinken,
Laßt sie nicht vergebens winken,
Leert sie, Freunde, schwenkt die Hüte
Auf der goldnen Freiheit Wohl!

(M und T: Volksgut)

Gestern, Brüder, könnt ihr's glauben
(Der Tod)

2. Drohend schwang er seine Hippe;
Drohend sprach das Furchtgerippe:
„Fort von hier, du Bacchusknecht!
Fort, du hast genug gezecht!“

3. „Lieber Tod“, sprach ich mit Tränen,
„Solltest du nach mir dich sehnen?
Siehe, da steht Wein für dich!
Lieber Tod, verschone mich!“

4. Lächelnd griff er nach dem Glase,
Lächelnd trank er's auf der Base,
Auf der Pest Gesundheit leer;
Lächelnd stellt' er's wieder her.

5. Fröhlich glaubt' ich mich befreiet,
Als er schnell sein Droh'n erneuet:
„Narr, für einen Tropfen Wein
Denkst du meiner los zu sein?“

6. „Tod“, bat ich, „ich möcht' auf Erden,
Gern ein Mediziner werden.
Laß mich; ich verspreche dir
Meine Kranken halb dafür!“

7. „Gut, wenn das ist, magst du leben“,
Sprach er, „nur sei mir ergeben.
Lebe, bis du satt geküßt
Und des Trinkens müde bist!“

8. Oh, wie schön klingt das den Ohren.
Tod, du hast mich neu geboren!
Dieses Glas voll Rebensaft,
Tod, auf gute Brüderschaft!

9. Ewig soll ich also leben,
Ewig denn, beim Gott der Reben!
Ewig soll mich Lieb' und Wein,
Ewig Wein und Lieb' erfreun!

(M: Volksgut, T: Gotthold Ephraim Lessing)

Grad aus dem Wirtshaus

2. Was für ein schief Gesicht, Mond, machst denn du?
Ein Auge hat er auf, eins hat er zu.
Du wirst betrunken sein, das seh' ich hell:
Schäme dich, schäme dich, alter Gesell!

3. Und die Laternen erst, was muß ich sehn!
Die können alle nicht grade mehr stehn:
Wackeln und fackeln die Kreuz und die Quer:
Schienen betrunken mir allesamt schwer.

4. Alles im Sturme rings, großes und klein;
Wag' ich darunter mich, nüchtern allein?
Das scheint bedenklich mir, ein Wagestück, –
Da geh' ich lieber ins Wirtshaus zurück.

(M: Volksweise/Tanzlied, T: Heinrich von Mühler)

Schön ist die Jugend

(M und T: Volksgut)

2. Es blühen Rosen, es blühen Nelken,
Es blühen Blumen, sie welken ab.
Drum sag' ich's noch einmal usw.

3. Es blüht ein Weinstock, und der trägt Reben,
Und aus den Reben quillt edler Wein.
Drum sag' ich's noch einmal usw.

So geht es im Schnützelputz-Häusel

(M und T: Volksgut)

2. Es saßen zwei Ochsen im Storchennest,
Die hatten einander gar lieblich getröst'
Und wollten die Eier ausbrüten.

3. Es zogen zwei Störche wohl auf die Wacht,
Die hatten ihr Sache gar wohl bedacht
Mit ihren großmächtigen Spießen.

4. Ich wüßte der Dinge noch mehr zu sagen,
Die sich im Schnützelputz-Häusel zutragen,
Gar lächerlich über die Maßen.

Ein Heller und ein Batzen

2. Die Mädel und die Wirtsleut',
Die rufen beid': o weh!
Die Wirtsleut', wenn ich komme,
Die Mädel, wenn ich geh'.
Juchheidi usw.

3. Mein' Stiefel sind zerrissen,
Mein' Schuh', die sind entzwei,
Und draußen auf der Heiden,
Da singt der Vogel frei.
Juchheidi usw.

4. Und gäb's kein Landstraß' nirgend,
Da säß ich still zu Haus;
Und gäb's kein Loch im Fasse,
Da tränk' ich gar nicht draus.
Juchheidi usw.

5. War das nicht eine Freude,
Als mich der Herrgott schuf?
'n Kerl wie Samt und Seide,
Nur schade, daß er suff.
Juchheidi usw.

(M: Volksgut, T: Albert Graf Schlippenbach)

Ein lust'ger Musikante marschierte am Nil

(Lob der edlen Musika)

2. Da nahm der Musikante seine alte Geigen,
O tempora, o mores!
Und tät mit seinem Bogen fein darüber streichen,
O tempora, o mores!
Allegro, dolce, presto, wer weiß usw.

3. Und wie der Musikante den ersten Strich getan,
O tempora, o mores!
Da fing der Krokodile gar schön zu tanzen an,
O tempora, o mores!
Menuett, Galopp und Walzer, wer weiß usw.

4. Er tanzte wohl im Sande im Kreise herum,
O tempora, o mores!
Und tanzte sieben alte Pyramiden um;
O tempora, o mores!
Denn sie sind lange wacklicht, wer weiß usw.

5. Und als die Pyramiden das Teufelsvieh erschlagen,
O tempora, o mores!
Da ging er in ein Wirtshaus und sorgt' für seinen Magen,
O tempora, o mores!
Tokaierwein, Burgunderwein, wer weiß usw.

6. Eine Musikantenkehle, die ist als wie ein Loch,
O tempora, o mores!
Und hat er noch nicht aufgehört, so trinkt er heute noch,
O tempora, o mores!
Und wir, wir trinken mit ihm: Wer weiß usw.

(M: Volksgut, T: Emanuel Geibel)

Brüder, reicht die Hand zum Bunde

(M: Wolfgang Amadeus Mozart, T: Verfasser unbekannt)

2. Preis und Dank dem Weltenmeister,
Der die Herzen, der die Geister
Für ein ewig Wirken schuf!
Licht und Recht und Tugend schaffen
Durch der Wahrheit heil'ge Waffen,
Sei uns heiliger Beruf.

3. Ihr auf diesem Stern die Besten,
Brüder all in Ost und Westen,
Wie im Süden und im Nord:
„Wahrheit suchen, Tugend üben,
Gott und Menschen herzlich lieben!"
Das sei unser Losungswort.

Hab' oft im Kreise der Lieben

2. Hab' einsam auch mich gehärmet
In bangem, düsterem Mut
Und habe wieder gesungen,
Und alles, alles war wieder gut.

3. Sollst uns nicht lange klagen,
Was alles dir wehe tut!
Nur frisch, nur frisch gesungen,
Und alles, alles wird wieder gut.

(M: Friedrich Silcher,
T: Adelbert von Chamisso)

Wohlauf noch getrunken

(Wanderlied)

2. Die Sonne, sie bleibet am Himmel nicht stehn;
Es treibt sie, durch Länder und Meere zu gehn.
Die Woge nicht haftet am einsamen Strand;
Die Stürme, sie brausen mit Macht durch das Land.

3. Mit eilenden Wolken der Vogel dort zieht
Und singt in der Ferne ein heimatlich Lied.
So treibt es den Burschen durch Wälder und Feld,
Zu gleichen der Mutter, der wandernden Welt.

4. Da grüßen ihn Vögel, bekannt überm Meer,
Sie flogen von Fluren der Heimat hieher;
Da duften die Blumen vertraulich um ihn,
Sie trieben vom Lande die Lüfte dahin.

5. Die Vögel, die kennen sein väterlich Haus,
Die Blumen einst pflanzt' er der Liebe zum Strauß;
Und Liebe, die folgt ihm, sie geht ihm zur Hand:
So wird ihm zur Heimat das fernste Land.

(M: Volksgut, T: Justinus Kerner)

Bei einem Wirte wundermild

2. Es war der gute Apfelbaum,
Bei dem ich eingekehret;
Mit süßer Kost und frischem Schaum
Hat er mich wohl genähret.

3. Es kamen in sein grünes Haus
Viel leichtbeschwingte Gäste,
Sie sprangen frei und hielten Schmaus
Und sangen auf das beste.

4. Ich fand ein Bett zu süßer Ruh'
Auf weichen grünen Matten.
Der Wirt, der deckte selbst mich zu
Mit seinem kühlen Schatten.

5. Nun fragt' ich nach der Schuldigkeit,
Da schüttelt' er den Wipfel.
Gesegnet sei er allezeit
Von der Wurzel bis zum Gipfel.

(M: Joseph Gersbach, T: Ludwig Uhland)

L. RICHTER.
A. GABE

Mit Geigen zum Reigen

Ringel, Ringel, Reihe

(M und T: Volksgut)

2. Ringel, Rangel, Rosen,
Schöne Aprikosen,
Veilchen und Vergißmeinnicht.
Alle Kinder setzen sich.

Hänsel und Gretel

2. Hu, hu, da schaut eine alte Hexe raus!
Lockte die Kinder ins Pfefferkuchenhaus.
Sie stellte sich gar freundlich,
O Hänsel, welche Not!
Ihn wollt' sie braten im Ofen braun wie Brot.

3. Doch als die Hexe zum Ofen schaut hinein,
Ward sie gestoßen von Hans und Gretelein.
Die Hexe mußte braten,
Die Kinder gehn nach Haus.
Nun ist das Märchen von Hans und Gretel aus.

(M und T: Volksgut)

Alleweil ein wenig lustig

2. Alleweil ein wenig lustig,
Alleweil ein wenig durstig,
Alleweil ein gutes bayrisch Bier,
Alleweil ein schönes Kind bei mir,
Allzeit so so.
Man rede, was man will,
Ich aber schweig' fein still,
Alleweil ein gutes bayrisch Bier,
Alleweil ein schönes Kind bei mir,
Allzeit so so.

3. Alleweil ein wenig Buß g'tan,
Alleweil noch mal gefangen an,
Alleweil ein wenig 'n Tod betracht',
Alleweil ein wenig wieder g'lacht,
Allzeit so so!
Es ist Zeit über Zeit;
Morgen g'wiß und nicht heut',
Will ich, potz Sapperment,
Machen ein End'.
Aber, was denk' ich doch,
Morgen doch muß ich noch
Alleweil ein wenig trinken Wein,
Alleweil ein wenig trunken sein,
Allzeit so so!

(M und T: Valentin Rathgeber, Augsburger Tafelkonfekt, 1733)

Schwesterlein, Schwesterlein, wann gehn wir nach Haus

(Der letzte Tanz)

2. Schwesterlein, Schwesterlein,
Wann gehn wir nach Haus?
„Morgen, wenn der Tag anbricht,
Eh' endet die Freude nicht,
Brüderlein, Brüderlein,
Der fröhliche Braus.“

3. Schwesterlein, Schwesterlein,
Wohl ist es nun Zeit!
„Mein Liebster tanzt mit mir.
Geh ich, tanzt er mit ihr.
Brüderlein, Brüderlein,
Laß du mich heut!“

4. Schwesterlein, Schwesterlein,
Was bist du so blaß?
„Das macht der Morgenschein
Auf meinen Wängelein,
Brüderlein, Brüderlein,
Die vom Taue naß.“

5. Schwesterlein, Schwesterlein,
Du wankest so matt?
„Suche die Kammertür,
Suche mein Bettlein mir!
Brüderlein, es wird fein
Unterm Rasen sein.“

(M und T: Anton Wilhelm Florentin von Zuccalmaglio)

Heißa, Kathreinerle

2. Dreh wie ein Rädele
Flink dich im Tanz!
Fliegen die Zöpfele,
Wirbelt der Kranz.
Didl, dudl, dadl,
Schrumm, schrumm, schrumm,
Lustig im Kreis herum.
Dreh dich, mein Mädel,
Im festlichen Glanz!

3. Heute heißt's lustig sein,
Morgen ist's aus!
Sinket der Lichterschein,
Gehn wir nach Haus.
Didl, dudl, dadl,
Schrumm, schrumm, schrumm.
Morgen mit viel Gebrumm
Fegt die Frau Wirtin
Den Tanzboden aus.

(M: nach einer alten deutschen Pfeiferweise aus dem Elsaß, T: Volksgut)

RICHTER

Laßt doch der Jugend ihren Lauf

2. Warum soll'n wir uns des Lebens,
Des Lebens nicht erfreun,
Warum soll'n wir uns
Des Lebens nicht freun?
Bei Tanz und Flötenspiel
Hat man der Freuden viel.

3. Nur noch ein'n Walzer, ein'n Walzer
Zu guter, guter Letzt,
Nur noch ein'n Walzer,
Ein'n Walzer zuletzt!
Seht nur, wie hübsch und nett
Mein Schatz die Füßchen dreht!

(M und T: Volksgut)

Rosestock, Holderblüh
(Oberschwäbisches Tanzliedchen)

2. G'sichterl wie Milch und Blut,
's Dirnderl is gar so gut,
Um und um dockerlnett:
Wenn i's no hätt'!

3. Armerl so kugelrund,
Lippe so frisch und g'sund,
Füßerl so hurtig g'schwind;
's tanzt wie der Wind.

4. Wenn i ins dunkelblau,
Funkelhell Äugerl schau,
Mein i, i schau in mei
Himmelreich nei.

(M und T: Volksgut aus Schwaben)

Beim Kronenwirt

2. Der Krischan, der hat beim Herrn Pfarrer sein Platz,
Und rot wie der Mohn blüht die Kathrin, sein Schatz.
Er sieht nach der Uhr, und es ist erst halb vier,
Bis sieben Uhr bleiben die Brautleute hier.

3. Der Lehrer, der hält eine feurige Red',
Er weiß, daß es ohne die Red' gar net geht.
Und weil er beim Mesnern und Läuten dabei,
So schafft er für zwei, doch er frißt auch für drei.

4. Auf einmal wird's still, denn der Hans bläst an Tusch,
Das Brautpaar ist plötzlich verschwunden, husch, husch.
Die Mädel, die blicken verlegen und dumm,
Mit am Jauchzer da schwenken die Burschen sie rum.

5. Die Nacht ist so lau, und der Mond scheint so klar,
Noch einmal jetzt schreiten zum Tanzen die Paar'.
Vom Tanze erdröhnet das uralte Haus,
Beim Kronenwirt geht nun das Lämpeli aus.

(M: nach einem badischen Tanzlied, T: Heinrich Binder)

Hopsa, Schwabenliesel

(Schwäbischer Tanz)

2. Hopsa, hüben, drüben,
Wo ist denn mein Schatz geblieben?
Hopsa, hüben, drüben,
Ach, wo blieb mein Schatz?
Hopsa, Liesegretel,
Tanz mir nicht mit Nachbars Peter!
Hopsa, Liesegretel,
Komm und tanz mit mir!

3. Hopsa, Schwabenliesel,
Dreh dich rum und tanz a bissel!
Hopsa, Schwabenliesel,
Dreh dich rum und tanz!
Hopsa, Liesegretel,
Dreh dich rum, tanz nach der Fiedel!
Hopsa, Liesegretel,
Lupf den Fuß und tanz!

(M und T: Volksgut; 2. Strophe von Max Pohl)

Ich bin ein Musikante

auf der Trompete: tä täterä

auf der Flöte: (pfeifen)

auf der Trommel: terem tem tem

auf der Klarinette: tü tüterü

auf der Posaune: posaune hin, posaune her

auf der Pauke: bum bumberum

auf der Gitarre: zim zim zerim

(M und T: Volksgut)

Taler, Taler, du mußt wandern

(M und T: Volksgut)

Es tanzt ein Bi - Ba - Butzemann

(M und T: Volksgut)

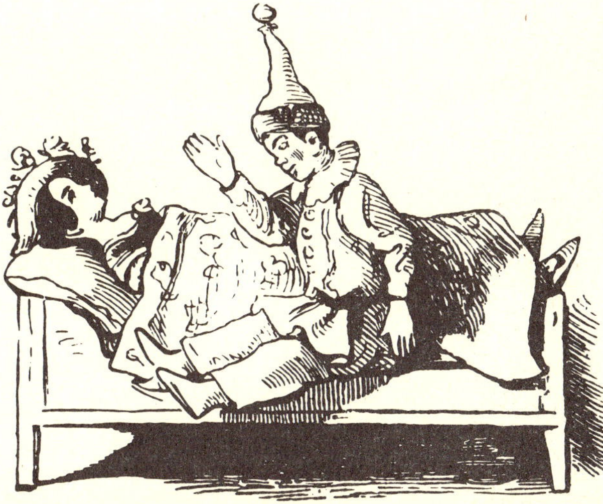

Die Tiroler sind lustig

2. Die Tiroler sind lustig,
   Die Tiroler sind froh,
   Sie nehmen ein Weibchen
   Und tanzen dazu.

3. Erst dreht sich das Weibchen,
   Dann dreht sich der Mann,
   Dann tanzen sie beide
   Und fassen sich an.

(M und T: Volksgut)

Dornröschen war ein schönes Kind

(Dornröschen)

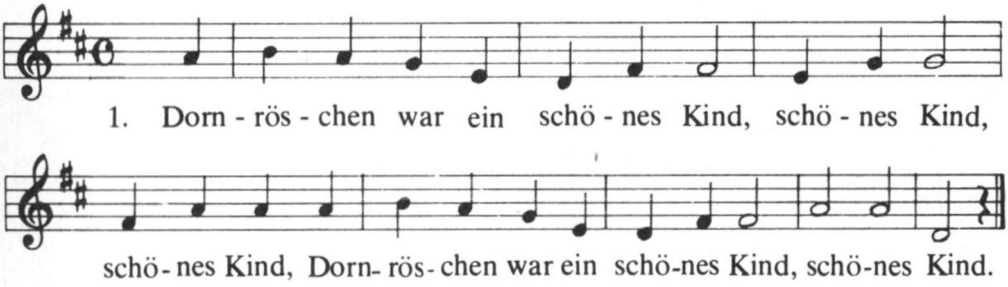

2. Dornröschen, nimm dich ja in acht,
Ja in acht, ja in acht,
Dornröschen, nimm dich ja in acht,
Vor einer bösen Fee!

3. Da kam die böse Fee herein,
Fee herein, Fee herein,
Da kam die böse Fee herein,
Und sprach zu ihr:

4. „Dornröschen, schlafe hundert Jahr',
Hundert Jahr', hundert Jahr',
Dornröschen, schlafe hundert Jahr',
Hundert Jahr'!"

5. Und eine Hecke riesengroß,
Riesengroß, riesengroß,
Und eine Hecke riesengroß,
Wuchs um das Schloß.

6. Da kam ein junger Königssohn,
Königssohn, Königssohn,
Da kam ein junger Königssohn,
Und sprach zu ihr:

7. „Dornröschen, wache wieder auf,
Wieder auf, wieder auf,
Dornröschen, wache wieder auf,
Wieder auf!"

8. Da feierten sie ein großes Fest,
Großes Fest, großes Fest,
Da feierten sie ein großes Fest,
Das Hochzeitsfest.

9. Da jubelte das ganze Volk,
Ganze Volk, ganze Volk,
Da jubelte das ganze Volk,
Ganze Volk.

(Volkstümliches Spiellied)

Brüderchen, komm tanz mit mir

2. Mit den Händchen klapp, klapp, klapp,
Mit den Füßchen trapp, trapp, trapp!
Einmal hin, einmal her,
Rundherum, das ist nicht schwer.

3. Mit dem Köpfchen nick, nick, nick,
Mit dem Fingerchen tick, tick, tick!
Einmal hin, einmal her,
Rundherum, das ist nicht schwer.

(M und T: aus Engelbert Humperdincks Märchenoper „Hänsel und Gretel“, als Volksgut schon vorher bekannt)

Gut'n Abend euch allen

2. Was war das, was war das,
Was du uns jetzt gespielt,
Was war das, was war das,
Was du uns jetzt gespielt?
Wie kann man bei Lärmen
Und Toben und Schreien
Den Walzer hier spielen
Zum fröhlichen Reih'n?

3. Ei Steffen, ei Steffen,
Die Polka kann ich nicht,
Ei Steffen, ei Steffen,
Die Polka kann ich nicht!
Da sitz' ich viel lieber
Und tu' mir vertellen
Mit mein' lieben Schwestern
'n paar olle Kamelln.

(M und T: Volksgut)

Zeigt her eure Füßchen

2. Zeigt her eure Füßchen,
Zeigt her eure Schuh',
Und sehet den fleißigen Waschfrauen zu.
Sie wringen, sie wringen,
Sie wringen den ganzen Tag,
Sie wringen, sie wringen,
Sie wringen den ganzen Tag.

3. Zeigt her eure Füßchen,
Zeigt her eure Schuh',
Und sehet den fleißigen Waschfrauen zu.
Sie hängen, sie hängen,
Sie hängen den ganzen Tag,
Sie hängen, sie hängen,
Sie hängen den ganzen Tag.

4. Zeigt her eure Füßchen,
Zeigt her eure Schuh',
Und sehet den fleißigen Waschfrauen zu.
Sie legen, sie legen,
Sie legen den ganzen Tag,
Sie legen, sie legen,
Sie legen den ganzen Tag.

5. Zeigt her eure Füßchen,
Zeigt her eure Schuh',
Und sehet den fleißigen Waschfrauen zu.
Sie plätten, sie plätten,
Sie plätten den ganzen Tag,
Sie plätten, sie plätten,
Sie plätten den ganzen Tag.

6. Zeigt her eure Füßchen,
Zeigt her eure Schuh',
Und sehet den fleißigen Waschfrauen zu.
Sie tanzen, sie tanzen,
Sie tanzen den ganzen Tag,
Sie tanzen, sie tanzen,
Sie tanzen den ganzen Tag.

7. Zeigt her eure Füßchen,
Zeigt her eure Schuh',
Und sehet den fleißigen Waschfrauen zu.
Sie ruhen, sie ruhen,
Sie ruhen den ganzen Tag,
Sie ruhen, sie ruhen,
Sie ruhen den ganzen Tag.

(Volkstümliches Spiellied, hier in der Fassung von Albert Methfessel)

Fürs Vaterland mit Herz und Hand

Ich hatt' einen Kameraden

(Der gute Kamerad)

(M: Friedrich Silcher, T: Ludwig Uhland)

2. Eine Kugel kam geflogen:
Gilt's mir oder gilt es dir?
Ihn hat es weggerissen;
Er liegt mir vor den Füßen,
Als wär's ein Stück von mir.

3. Will mir die Hand noch reichen,
Derweil ich eben lad'.
Kann dir die Hand nicht geben;
Bleib du im ew'gen Leben
Mein guter Kamerad!

Stimmt an mit hellem, hohem Klang

(Des Vaterlandes Hochgesang)

2. Der alten Barden Vaterland,
Dem Vaterland der Treue,
Dir, freies unbezwungnes Land,
Dir weihn wir uns aufs neue.

3. Zur Ahnentugend wir uns weihn,
Zum Schutze deiner Hütten;
Wir lieben deutsches Fröhlichsein
Und alte deutsche Sitten.

4. Die Barden sollen Lieb' und Wein,
Doch öfter Tugend preisen
Und sollen biedre Männer sein
In Taten und in Weisen.

5. Ihr Kraftgesang soll himmelan
Mit Ungestüm sich reißen,
Und jeder echte deutsche Mann
Soll Freund und Bruder heißen.

(M: A. Methfessel, T: Matthias Claudius)

Stoßt an. Frei ist der Bursch

Was glänzt dort vom Walde

(Lützows wilde, verwegene Jagd)

2. Was zieht dort rasch durch den finstern Wald
Und streift von Bergen zu Bergen?
Es legt sich in nächtlichen Hinterhalt,
Das Hurra jauchzt und die Büchse knallt,
Es fallen die fränkischen Schergen.
Und wenn ihr die schwarzen Jäger fragt:
Das ist Lützows wilde, verwegene Jagd.

3. Wo die Reben dort glühen, dort braust der Rhein,
Der Wütrich geborgen sich meinte;
Da naht es schnell mit Gewitterschein,
Und wirft sich mit rüstgen Armen hinein,
Und springet ans Ufer der Feinde.
Und wenn ihr die schwarzen Schwimmer fragt:
Das ist, das ist Lützows wilde, verwegene Jagd.

4. Was braust dort im Tale die laute Schlacht,
Was schlagen die Schwerter zusammen?
Wildherzige Reiter schlagen die Schlacht,
Und der Funke der Freiheit ist glühend erwacht
Und lodert in blutigen Flammen.
Und wenn ihr die schwarzen Reiter fragt:
Das ist Lützows wilde, verwegene Jagd.

5. Wer scheidet dort röchelnd vom Sonnenlicht,
Unter winselnde Feinde gebettet?
Es zuckt der Tod auf dem Angesicht,
Doch die wackern Herzen erzittern nicht,
Das Vaterland ist ja gerettet.
Und wenn ihr die schwarzen Gefallnen fragt:
Das war Lützows wilde, verwegene Jagd.

6. Die wilde Jagd und die deutsche Jagd
Auf Henkersblut und Tyrannen!
Drum, die ihr uns liebt, nicht geweint und geklagt!
Das Land ist ja frei und der Morgen tagt,
Wenn wir's auch nur sterbend gewannen.
Und von Enkeln zu Enkeln sei's nachgesagt:
Das war Lützows wilde, verwegene Jagd.

(M: Carl Maria von Weber, T: Theodor Körner)

Es leben die Soldaten

(Soldatenleben)

(M: Volksweise, T: Clemens von Brentano)

2. Ihr Bette ist der Rasen;
Trompeten müssen blasen
Guten Morgen, gute Nacht,
Daß man mit Lust erwacht.

3. Die Sterne haben Stunden,
Die Sterne haben Runden
Und werden abgelöst:
Drum, Schildwacht, sei getröst't!

4. Wir richten mit dem Schwerte:
Der Leib gehört der Erde,
Die Seel' dem Himmelszelt,
Der Rock bleibt in der Welt.

5. Wer fällt, der bleibet liegen,
Wer steht, der kann noch siegen,
Wer übrig bleibt, hat recht,
Und wer entflieht, ist schlecht.

6. Zum Hassen oder Lieben
Ist alle Welt getrieben,
Es bleibet keine Wahl:
Der Teufel ist neutral.

7. Bedienet uns ein Bauer,
So schmeckt der Wein fast sauer,
Doch ist's ein schöner Schatz,
So kriegt sie einen Schmatz.

Wer will unter die Soldaten

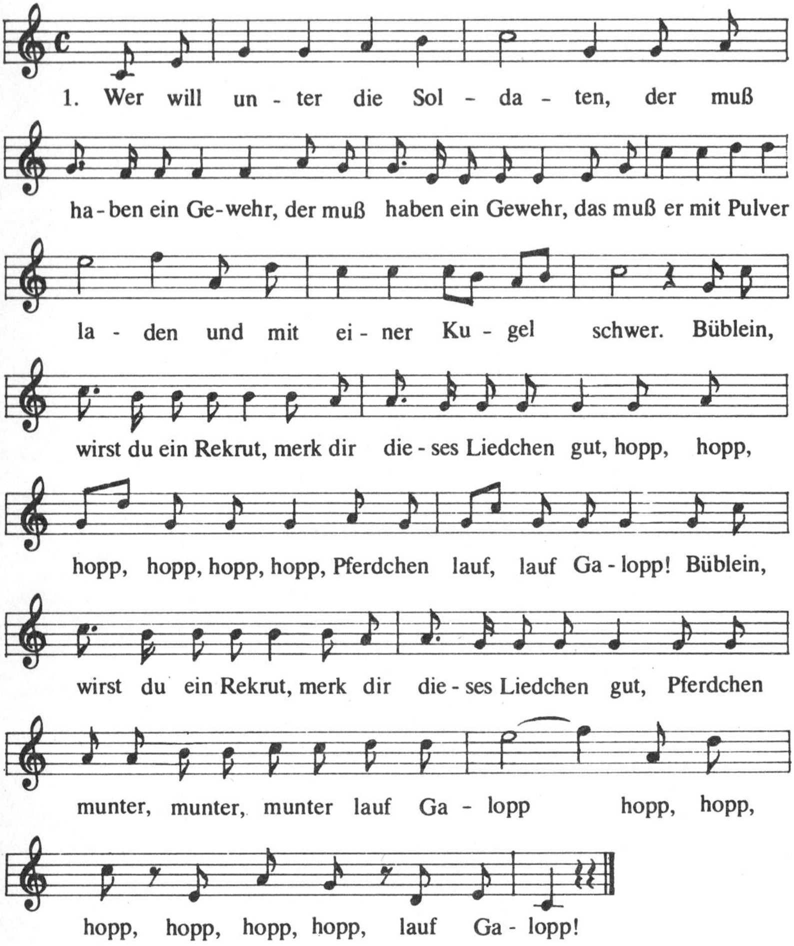

2. Der muß an der linken Seite
Ein' scharfen Säbel han,
Daß er, wenn die Feinde streiten,
Schießen und auch fechten kann.
Büblein, wirst du ein Rekrut usw.

3. Einen Gaul zum Galoppieren
Und von Silber auch zwei Sporn',
Zaum und Zügel zum Regieren,
Wenn er Sprünge macht im Zorn.
Büblein, wirst du ein Rekrut usw.

4. Einen Schnurrbart an der Nasen,
Auf dem Kopfe einen Helm,
Sonst, wenn die Trompeten blasen,
Ist er nur ein armer Schelm.
Büblein, wirst du ein Rekrut usw.

5. Doch vor allem muß Courage
Haben jeder, jeder Held,
Sonst ereilt ihn die Blamage,
Zieht er ohne sie ins Feld.
Büblein, wirst du ein Rekrut usw.

(M: F. W. Kücken, T: Friedrich Güll)

Freiheit, die ich meine

2. Auch bei grünen Bäumen
In dem lust'gen Wald
Unter Blütenträumen
Ist dein Aufenthalt.
Ach! das ist ein Leben,
Wenn es weht und klingt,
Wenn dein stilles Weben
Wonnig uns durchdringt.

3. Wo sich Gottes Flamme
In ein Herz gesenkt,
Das am alten Stamme
Treu und liebend hängt;
Wo sich Männer finden,
Die für Ehr' und Recht
Mutig sich verbinden,
Weilt ein frei Geschlecht.

4. Hinter dunkeln Wällen,
Hinter eh'rnem Tor
Kann das Herz noch schwellen
Zu dem Licht empor,
Für die Kirchenhallen,
Für der Väter Gruft,
Für die Liebsten fallen,
Wenn die Freiheit ruft.

5. Das ist rechtes Glühen,
Frisch und rosenrot:
Heldenwangen blühen
Schöner auf im Tod.
Wollest auf uns lenken
Gottes Lieb und Lust.
Wollest gern dich senken,
In die deutsche Brust.

6. Freiheit, die ich meine,
Die mein Herz erfüllt,
Komm mit deinem Scheine,
Süßes Engelsbild!
Freiheit, holdes Wesen,
Gläubig, kühn und zart,
Hast ja lang erlesen
Dir die deutsche Art.

(M: Karl Groos, T: Max von Schenkendorf)

Der Gott, der Eisen wachsen ließ

(Vaterlandslied)

2. So wollen wir, was Gott gewollt,
Mit rechter Treue halten
Und nimmer im Tyrannensold
Die Menschenschädel spalten.
Doch wer für Tand und Schande ficht,
Den hauen wir zu Scherben,
Der soll im deutschen Lande nicht
Mit deutschen Männern erben.

3. O Deutschland, heil'ges Vaterland,
O deutsche Lieb' und Treue,
Du hohes Land, du schönes Land,
Dir schwören wir aufs neue:
Dem Buben und dem Knecht die Acht!
Der füttre Kräh'n und Raben.
So ziehn wir aus zur Hermannschlacht
Und wollen Rache haben.

4. Laßt brausen, was nur brausen kann,
In hellen, lichten Flammen!
Ihr Deutschen alle, Mann für Mann
Fürs Vaterland zusammen!
Und hebt die Herzen himmelan
Und himmelan die Hände
Und rufet alle Mann für Mann:
Die Knechtschaft hat ein Ende.

5. Laßt klingen, was nur klingen kann!
Trompeten, Trommeln, Flöten!
Wir wollen heute Mann für Mann
Mit Blut das Eisen röten,
Mit Henker- und mit Knechteblut –
O süßer Tag der Rache!
Das klinget allen Deutschen gut,
Das ist die große Sache.

6. Laßt wehen, was nur wehen kann,
Standarten wehn und Fahnen!
Wir wollen heut uns Mann für Mann
Zum Heldentode mahnen.
Auf, fliege, stolzes Siegspanier,
Voran den kühnen Reihen!
Wir siegen oder sterben hier
Den süßen Tod der Freien.

*(M: Albert Methfessel,
T: Ernst Moritz Arndt)*

Fridericus Rex

2. „Ihr verfluchten Kerls", sprach seine Majestät,
„Daß jeder in der Bataille seinen Mann mir steht!
Sie gönnen mir nicht Schlesien und die Grafschaft Glatz
Und die hundert Millionen in meinem Schatz.

3. Die Kais'rin hat sich mit den Franzosen alliiert
Und das Römische Reich gegen mich revoltiert;
Die Russen seind gefallen in Preußen ein:
Auf, laßt uns zeigen, daß wir brave Landskinder sein!

4. Meine Generale Schwerin und Feldmarschall von Keith
Und der Generalmajor von Zieten seind allemal bereit.
Potz Mohren, Blitz und Kreuz-Element,
Wer den Fritz und seine Soldaten noch nicht kennt!"

5. Nun adjö, Lowise, wisch ab das Gesicht:
Eine jede Kugel, die trifft ja nicht;
Denn träf' jede Kugel apart ihren Mann,
Wo kriegten die Kön'ge ihre Soldaten dann?

6. Die Musketenkugel macht ein kleines Loch,
Die Kanonenkugel ein weit größeres noch;
Die Kugeln sind alle von Eisen und Blei,
Und manche Kugel geht manchem vorbei.

7. Unsre Artillerie hat ein vortrefflich Kaliber,
Und von den Preußen geht keiner zum Feinde nicht über;
Die Schweden, die haben verflucht schlechtes Geld,
Wer weiß, ob der Östreicher besseres hält!

8. Mit Pomade bezahlt den Franzosen sein König,
Wir kriegen's alle Woche bei Heller und Pfennig.
Potz Mohren, Blitz und Kreuz-Sackerment!
Wer kriegt so prompt wie der Preuße sein Traktement?

9. Fridericus, mein König, den der Lorbeerkranz ziert,
Ach hätt'st du nur öfters zu plündern permittiert:
Fridericus Rex, mein König und Held,
Wir schlügen den Teufel für dich aus der Welt!

(M: nach einer alten Volksweise, T: Willibald Alexis)

Zu Mantua in Banden

(Der Sandwirt Hofer)

2. Die Hände auf dem Rücken Andreas Hofer ging
Mit ruhig festen Schritten: ihm schien der Tod gering,
Der Tod, den er so manchesmal
Vom Iselberg geschickt ins Tal
Im heil'gen Land Tirol.

3. Doch als aus Kerkers Gittern im festen Mantua
Die treuen Waffenbrüder die Händ' er strecken sah,
Da rief er laut: „Gott sei mit euch,
Mit dem verrat'nen Deutschen Reich
Und mit dem Land Tirol!"

4. Dem Tambour will der Wirbel nicht unterm Schlegel vor
Als nun Andreas Hofer schritt durch das finstre Tor.
Andreas, noch in Banden frei,
Dort stand er fest auf der Bastei,
Der Mann vom Land Tirol.

5. Dort soll er niederknien; er sprach: „Das tu' ich nit!
Will sterben, wie ich stehe, will sterben, wie ich stritt,
So wie ich steh' auf dieser Schanz':
Es leb' mein guter Kaiser Franz,
Mit ihm sein Land Tirol!"

6. Und von der Hand die Binde nimmt ihm der Korporal,
Andreas Hofer betet allhier zum letztenmal;
Dann ruft er: „Nun, so trefft mich recht!
Gebt Feuer! – Ach, wie schießt ihr schlecht!
Ade, mein Land Tirol!"

(M: Ludwig Erk, T: Julius Mosen)

731

Singe, wem Gesang gegeben
(Freie Kunst)

2. Deines vollen Herzens Triebe,
Gib sie keck im Klange frei!
Säuselnd wandle deine Liebe,
Donnernd uns dein Zorn vorbei!
Singst du nicht dein ganzes Leben,
Sing doch in der Jugend Drang!
Nur im Blütenmond erheben
Nachtigallen ihren Sang.

3. Heilig achten wir die Geister,
Aber Namen sind uns Dunst;
Würdig ehren wir die Meister,
Aber frei ist uns die Kunst.
Nicht in kalten Marmorsteinen,
Nicht in Tempeln dumpf und tot:
In den frischen Eichenhainen
Webt und rauscht der deutsche Gott.

(M: Christian Schulz, T: Ludwig Uhland)

Kling Klang Gloria!

Ein Lied erklingt aus Kindermund

Kommt a Vogerl geflogen

(Botschaft)

2. Hast mir allweil vertröstet
Uf die Summerizeit,
Und der Summer is kumma,
Und mei Schatzerl is weit!

3. Daderheim is mei Schatzerl,
In der Fremd bin i hier,
Und es fragt halt kei Katzerl,
Kei Hunderl nach mir!

4. Liebes Vogerl, flieg weiter,
Nimm an Gruß mit, an Kuß!
Und i kann di nit begleiten,
Weil i hier bleiben muß.

(M: Wenzel Müller, T: Adolf Bäuerle)

Trara, die Post ist da

2. Trara, die Post ist da!
„O Postillon, nun sag uns schnell,
Was bringst du heute mir zur Stell'?
Wer hat von unsern Lieben
Uns aus der Fern' geschrieben?"
Die Post ist da, trara, trara!

3. Trara, die Post ist da!
„Geduld, Geduld, gleich pack' ich aus,
Dann kriegt ein jeder in sein Haus
Die Briefe und die Päckchen,
Die Schachteln und die Säckchen."
Die Post ist da, trara, trara!

4. Trara, die Post ist da!
„Und wenn ihr's jetzt schon wissen müßt:
Der Onkel hat euch schön gegrüßt,
Wohl tausendmal und drüber,
Bald kommt er selbst herüber."
Die Post ist da, trara, trara!

(M: Volksgut, T: Richard Löwenstein)

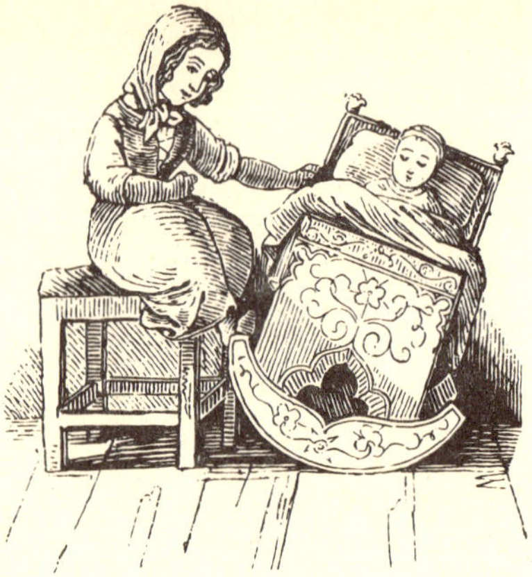

Suse, liebe Suse

2. Suse, liebe Suse, schlag's Gickelchen tot!
Es legt mir keine Eier und frißt mir mein Brot.
Rupfen wir ihm dann die Federchen aus
Und machen dem Kindlein ein Bettlein daraus.

3. Suse, liebe Suse, ist das eine Not!
Wer schenkt mir einen Dreier für Zucker und Brot?
Verkauf ich mein Bettlein und leg mich auf Stroh.
Dann sticht mich keine Feder und beißt mich kein Floh.

(M und T: Volksgut)

Fuchs, du hast die Gans gestohlen

2. Seine große lange Flinte
Schießt auf dich den Schrot,
Daß dich färbt die rote Tinte,
Und dann bist du tot.

3. Liebes Füchslein, laß dir raten,
Sei doch nur kein Dieb,
Nimm, du brauchst nicht Gänsebraten,
Mit der Maus vorlieb.

(M und T: Ernst Anschütz)

Ein Vogel wollte Hochzeit machen

(Vogelhochzeit)

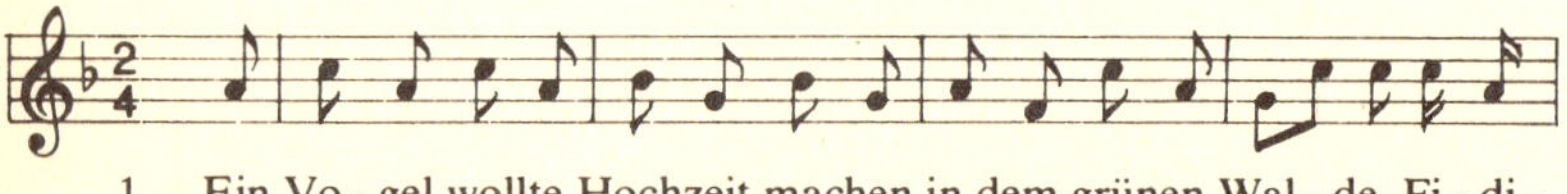

1. Ein Vo - gel wollte Hochzeit machen in dem grünen Wal - de. Fi - di -

ral - la - la, fi - di - ral - la - la, fi - di - ral - la - la - la - la.

2. Die Drossel war der Bräutigam,
Die Amsel war die Braute.

3. Der Sperber, der Sperber,
Der war der Hochzeitswerber.

4. Der Stare, der Stare,
Der flocht der Braut die Haare.

5. Der Seidenschwanz, der Seidenschwanz,
Der bracht' der Braut den Hochzeitskranz.

6. Die Lerche, die Lerche,
Die führt die Braut zur Kerche.

7. Der Auerhahn, der Auerhahn,
Derselbig war der Kapellan.

8. Die Meise, die Meise,
Die sang das Kyrie-eleise.

9. Die Schnepfe, die Schnepfe,
Setzt auf den Tisch die Näpfe.

10. Die Finken, die Finken,
Die gaben der Braut zu trinken.

11. Die Gänse und die Anten,
Das war'n die Musikanten.

12. Der Pfau mit seinem bunten Schwanz
Macht mit der Braut den ersten Tanz.

13. Die Taube, die Taube,
Die bracht' der Braut die Haube.

14. Brautmutter war die Eule,
Nahm Abschied mit Geheule.

15. Der lange Specht, der lange Specht,
Der macht der Braut das Bett zurecht.

16. Die Fledermaus, die Fledermaus,
Die zieht der Braut die Strümpfe aus.

17. Der Uhu, der Uhu,
Der macht die Fensterläden zu.

18. Der Hahn, der krähet: „Gute Nacht!"
Nun wird die Kammer zugemacht.

(M und T: Volksgut)

Will ich in mein Gärtlein gehen

(Das bucklige Männlein)

2. Will ich in mein Küchel gehn,
Will mein Süpplein kochen,
Steht ein bucklicht Männlein da,
Hat mein Töpflein brochen.

3. Will ich dann zum Hafner gehn,
Mir ein anders kaufen,
Steht ein bucklicht Männlein da,
Schmeißt mich übern Haufen.

4. Will ich in mein Stüblein gehn,
Will mein Müslein essen,
Steht ein bucklicht Männlein da,
Hat's schon halb gegessen.

5. Will ich auf mein' Boden gehn,
Will mein Hölzlein holen,
Steht ein bucklicht Männlein da,
Hat mir's halb gestohlen.

6. Will ich in mein' Keller gehn,
Will mein Weinlein zapfen,
Steht ein bucklicht Männlein da,
Tut mir'n Krug wegschnappen.

7. Setz' ich mich ans Rädlein hin,
Will mein Fädlein drehen,
Steht ein bucklicht Männlein da,
Läßt mir's Rad nicht gehen.

8. Geh' ich in mein Kämmerlein,
Will mein Bettlein machen,
Steht ein bucklicht Männlein da,
Fängt als an zu lachen.

9. Will ich an mein Bänklein knien,
Will ein bißchen beten,
Steht ein bucklicht Männlein da,
Fängt so an zu reden:

10. „Lie - bes Kind - lein, ach, ich bitt', bet fürs buck - licht

Männ - lein mit!"

(M und T: Volkslied aus „Des Knaben Wunderhorn")

Grün sind alle meine Kleider

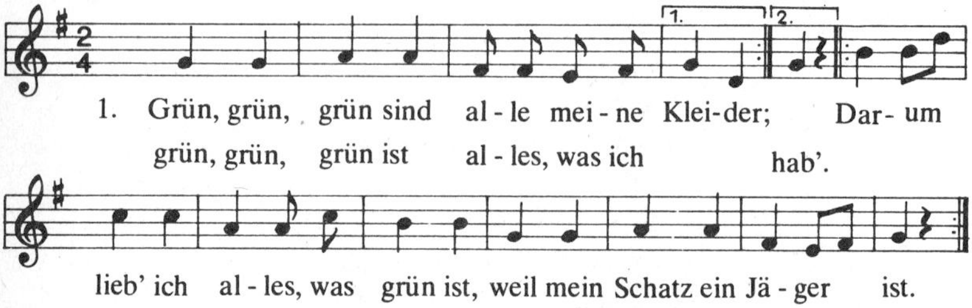

2. Blau, blau, blau sind alle meine Kleider;
Blau, blau, blau ist alles, was ich hab'.
Darum lieb' ich alles, was blau ist,
Weil mein Schatz ein Matrose ist.

3. Schwarz, schwarz, schwarz sind alle meine Kleider;
Schwarz, schwarz, schwarz ist alles, was ich hab'.
Darum lieb' ich alles, was schwarz ist,
Weil mein Schatz ein Schornsteinfeger ist.

4. Weiß, weiß, weiß sind alle meine Kleider;
Weiß, weiß, weiß ist alles, was ich hab'.
Darum lieb' ich alles, was weiß ist,
Weil mein Schatz ein Bäcker ist.

5. Bunt, bunt, bunt sind alle meine Kleider;
Bunt, bunt, bunt ist alles, was ich hab'.
Darum lieb' ich alles, was bunt ist,
Weil mein Schatz ein Maler ist.

(M und T: Volksgut)

J.G. Flegel. sc.

Backe, backe Kuchen

(M und T: Volksgut)

Morgens früh um sechs

2. Morgens früh um sieb'n
Schabt sie gelbe Rüb'n.

3. Morgens früh um acht
Wird Kaffee gemacht.

4. Morgens früh um neun
Geht sie in die Scheun'.

5. Morgens früh um zehn
Holt sie Holz und Spän'.

6. Feuert an um elf,
Kocht dann bis um zwölf.

7. Fröschebein und Krebs und Fisch,
Hurtig, Kinder, kommt zu Tisch!

(M und T: Volksgut)

Alle meine Entchen

2. Alle meine Täubchen
Gurren auf dem Dach,
Gurren auf dem Dach,
Fliegt eins in die Lüfte,
Fliegen alle nach.

3. Alle meine Hühner
Scharren in dem Stroh,
Scharren in dem Stroh,
Finden sie ein Körnchen,
Sind sie alle froh.

4. Alle meine Gänschen
Watscheln durch den Grund,
Watscheln durch den Grund,
Suchen in dem Tümpel,
Werden kugelrund.

(M und T: altes Volksgut)

Ich geh' mit meiner Laterne

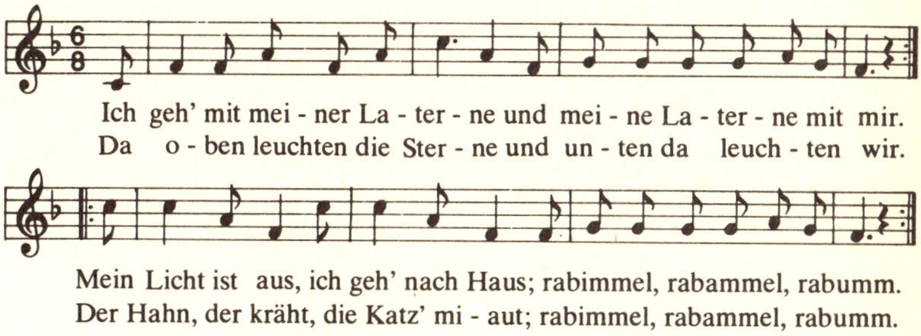

(M und T: Volksgut)

I fahr, i fahr

(M und T: Volksgut aus Österreich)

Widewidewenne

(M und T: Volksgut)

2. Schwarz und weiß
Heißt meine Geiß,
Dreibein
Heißt mein Schwein;
Widewidewenne usw.

3. Ehrenwert
Heißt mein Pferd,
Gute Muh
Heißt meine Kuh;
Widewidewenne usw.

4. Wettermann
Heißt mein Hahn,
Kunterbunt
Heißt mein Hund;
Widewidewenne usw.

5. Guck heraus
Heißt mein Haus,
Schlupf heraus
Heißt meine Maus,
Widewidewenne usw.

6. Wohlgetan
Heißt mein Mann,
Sausewind
Heißt mein Kind,
Widewidewenne usw.

7. Leberecht
Heißt mein Knecht,
Spät betagt
Heißt meine Magd,
Widewidewenne usw.

8. Sammettatz'
Heißt meine Katz',
Hüpf ins Stroh
Heißt mein Floh;
Widewidewenne usw.

Nun kennt ihr mich mit Mann und Kind
Und meinem ganzen Hausgesind'.

*) Bei der zweiten Strophe sowie bei allen übrigen läßt man die ersten 4 Takte weg und fängt erst hier an.

A B C, die Katze lief im Schnee

(M und T: Volksgut aus Sachsen/Thüringen)

Zwischen Berg und tiefem, tiefem Tal

(Von den zwei Hasen)

2. Als sie sich nun satt gefressen hatten,
Setzten sie sich nieder,
Bis daß der Jäger, Jäger kam
Und schoß sie nieder.

3. Als sie sich nun aufgerappelt hatten
Und sich besannen,
Ob sie noch das Leben, Leben hatten,
Liefen sie von dannen.

(M und T: Volksgut, seit dem 15. Jahrhundert bekannt)

Ach lieber Herr Schmidt

(M und T: Volksgut)

Hänschen klein ging allein

2. Sieben Jahr', trüb und klar,
Hänschen in der Fremde war.
Da besinnt sich das Kind,
Eilet heim geschwind.
Doch nun ist's kein Hänschen mehr,
Nein, ein großer Hans ist er,
Braun gebrannt Stirn und Hand.
Wird er wohl erkannt?

3. Eins, zwei, drei gehn vorbei,
Wissen nicht, wer das wohl sei.
Schwester spricht: „Welch' Gesicht!",
Kennt den Bruder nicht.
Doch da kommt sein Mütterlein,
Schaut ihm kaum ins Aug' hinein,
Spricht sie schon:
„Hans, mein Sohn!
Grüß dich Gott, mein Sohn!"

(M: Volksweise, T: Franz Wiedemann)

Auf einem Baum ein Kuckuck saß

2. Da kam ein junger Jägers-,
Sim sala dim bam basala dusala dim,
Da kam ein junger Jägersmann.

3. Der schoß den armen Kuckuck,
Sim sala dim bam basala dusala dim,
Der schoß den armen Kuckuk tot.

4. Und als ein Jahr vergangen,
Sim sala dim bam basala dusala dim,
Und als ein Jahr vergangen war,

5. Da war der Kuckuck wieder,
Sim sala dim bam basala dusala dim,
Da war der Kuckuck wieder da.

(Volkslied aus dem Bergischen Land)

Der Mond, der scheint

(Ammenuhr)

Gott alles weiß,
Das Mäuslein beißt;
Die Glock' schlägt ein,
Der Traum spielt auf dem Kissen dein.

Die Sternlein schön
Am Himmel gehn;
Die Glock' schlägt zwei;
Sie gehn hinunter nach der Reih'.

Der Wind, der weht,
Der Hahn, der kräht;
Die Glock' schlägt drei,
Der Fuhrmann hebt sich von der Streu.

Der Gaul, der scharrt,
Die Stalltür knarrt;
Die Glock' schlägt vier,
Der Kutscher siebt den Haber schier.

6. Die Schwalbe lacht,
Die Sonn' erwacht;
Die Glock' schlägt fünf,
Der Wandrer macht sich auf die Strümpf'.

7. Das Huhn gagackt,
Die Ente quakt;
Die Glock' schlägt sechs,
Steh auf, steh auf, du faule Hex'!

8. Zum Bäcker lauf,
Ein Wecklein kauf;
Die Glock' schlägt sieben,
Die Milch tu an das Feuer schieben!

9. Tu Butter 'nein
Und Zucker fein;
Die Glock' schlägt acht,
Geschwind dem Kind die Supp' gebracht.

(M und T: Volksgut)

Auf unsrer Wiese gehet was

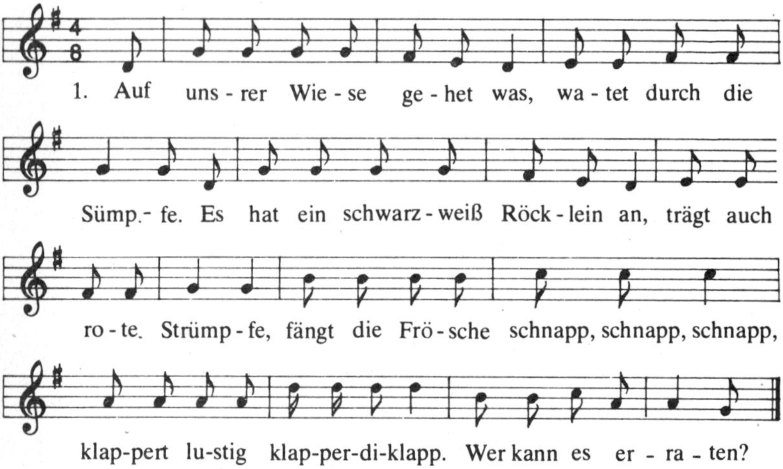

2. Ihr denkt, das ist der Klapperstorch,
Watet durch die Sümpfe.
Er hat ein schwarz-weiß Röcklein an,
Trägt auch rote Strümpfe,
Fängt die Frösche schnapp, schnapp, schnapp,
Klappert lustig klapperdiklapp.
Nein, das ist Frau Störchin!

(M: Volksgut, T: 1. Strophe August Heinrich Hoffmann von Fallersleben, 2. Strophe Richard Löwenstein)

Ein Männlein steht im Walde

(Rätsel)

2. Das Männlein steht im Walde auf einem Bein,
Es hat auf seinem Haupte schwarz Käpplein klein.
Sagt, wer mag das Männlein sein,
Das da steht im Wald allein
Mit dem kleinen schwarzen Käppelein?

(M: Volkgsgut, T: Hoffmann von Fallersleben)

Laterne, Laterne

(M und T: Volksgut aus Norddeutschland, bekannt seit 1740)

Der Kuckuck und der Esel

2. Der Kuckuck sprach: „Das kann ich“
Und fing gleich an zu schrein.
„Ich aber kann es besser“,
Fiel gleich der Esel ein.

3. Das klang so schön und lieblich,
So schön von fern und nah.
Sie sangen alle beide:
„Kuckuck, kuckuck, i–a.“

(M: Carl Friedrich Zelter, T: August Heinrich Hoffmann von Fallersleben)

Widele, wedele, hinterm Städele

(Bettelmanns Hochzeit)

* kleiner Stadel = Scheune.

(M und T: Volksgut aus Schwaben)

In meinem kleinen Apfel

2. In jedem Stübchen wohnen zwei Kernchen schwarz und fein,
Die liegen drin und träumen vom lieben Sonnenschein.

3. Sie träumen auch noch weiter gar einen schönen Traum,
Wie sie einst werden hängen am lieben Weihnachtsbaum.

(M: nach Wolfgang Amadeus Mozart, T: Volksgut)

Summ, summ, summ, Bienchen, summ herum

2. Summ, summ, summ, Bienchen, summ herum.
Kehre heim mit reicher Habe,
Bau uns manche volle Wabe.
Summ, summ, summ, Bienchen, summ herum!

3. Summ, summ, summ, Bienchen, summ herum.
Such in Blumen, such in Blümchen
Dir ein Tröpfchen, dir ein Krümchen!
Summ, summ, summ, Bienchen, summ herum!

(M: Volksgut aus Böhmen, T: August Heinrich Hoffmann von Fallersleben)

Als unser Mops ein Möpschen war

2. „Du bist ein recht verzogen Tier!
Sonst nahmst du, was ich bot.
Jetzt willst du Leckerbissen
Und magst kein trocken Brot,
Heidu, heidu, . . ."

3. Zum Knaben sprach der Mops darauf:
„Wie töricht sprichst du doch!
Hätt'st du mich recht erzogen,
Wär ich ein Möpschen noch,
Heidu, heidu, . . ."

(M: Volksgut, T: August Heinrich Hoffmann von Fallersleben)

Spannenlanger Hansel, nudeldicke Dirn

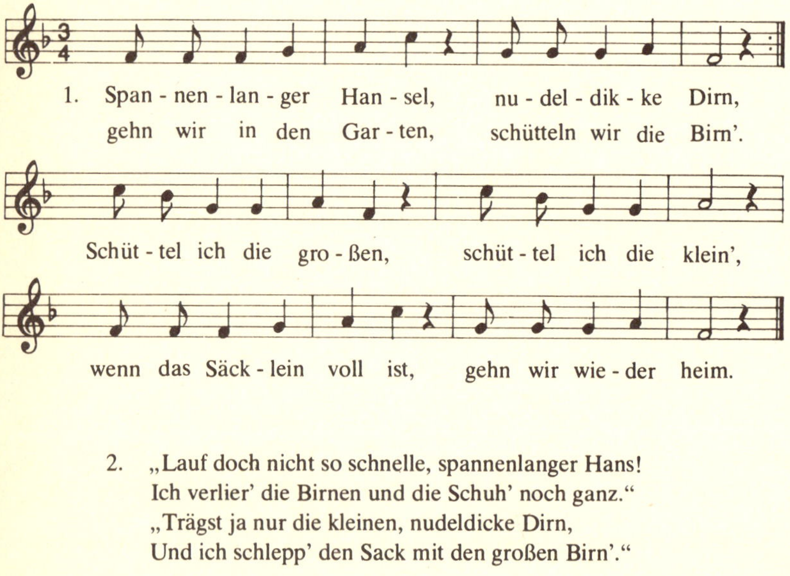

2. „Lauf doch nicht so schnelle, spannenlanger Hans!
Ich verlier' die Birnen und die Schuh' noch ganz."
„Trägst ja nur die kleinen, nudeldicke Dirn,
Und ich schlepp' den Sack mit den großen Birn'."

(M und T: Volksgut)

Häslein in der Grube

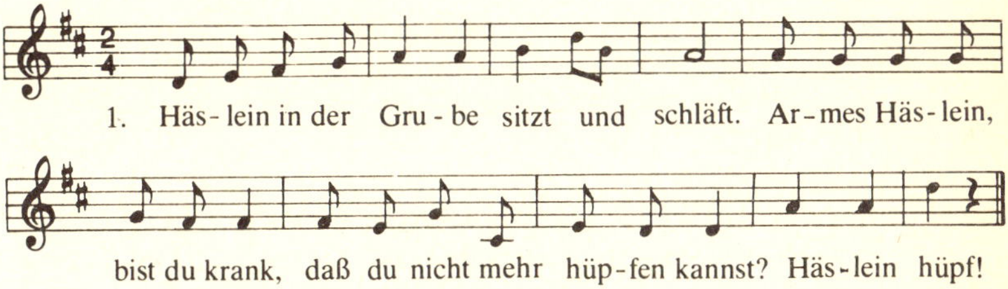

2. Häslein in der Grube nickt und weint.
Doktor, komm geschwind herbei
Und verschreib ihm Arzenei.
Häslein schluck!

3. Häslein in der Grube hüpft und springt.
Häslein, bist du schon kuriert?
Hui, das rennt und galoppiert!
Häslein hopp!

4. Häslein in dem Walde nickt und niest.
Trinkst du lieber frische Luft,
Süß gemischt mit Waldesduft?
Häslein prost!

5. Häslein hintern Bäumen nickt und lacht.
Liebes Häslein, nicht so schnell,
Nimm mich mit zum frischen Quell.
Häslein hüpf!

(M und T: Volksgut)

Maikäfer flieg!

(M und T: Volksgut)

Hopp, hopp, hopp! Pferdchen lauf Galopp!

2. Tip, tip, tap!
Wirf mich nur nicht ab!
Zähme deine wilden Triebe,
Pferdchen, tu es mir zuliebe:
Tip, tip, tip, tip, tap,
Wirf mich nur nicht ab!

3. Brr, brr, he!
Steh doch, Pferdchen, steh!
Sollst schon heute weiter springen,
Muß dir nur erst Futter bringen.
Brr, brr, brr, brr, he,
Steh doch, Pferdchen, steh!

4. Ha, ha, ha!
Juch, nun sind wir da!
Diener, Diener, liebe Mutter,
Findet auch mein Pferdchen Futter?
Ha, ha, ha, ha, ha,
Juch, nun sind wir da!

(M: C. G. Hering, T: Karl Hahn)

Beim Wandern zu singen

Durch Feld und Buchenhallen

2. Wenn's kaum im Osten glühte, die Welt noch still und weit,
   Da weht recht durchs Gemüte die schöne Blütenzeit.

3. Die Lerch' als Morgenbote sich in die Lüfte schwingt,
   Eine frische Reisenote durch Wald und Herz erklingt.

4. O Lust, vom Berg zu schauen weit über Wald und Strom,
   Hoch über sich den blauen, tiefklaren Himmelsdom!

5. Vom Berge Vöglein fliegen und Wolken so geschwind,
   Gedanken überfliegen die Vögel und den Wind.

6. Die Wolken ziehn hernieder, das Vöglein senkt sich gleich,
   Gedanken gehn und Lieder fort bis ins Himmelreich.

(M: Justus W. Lyra, T: Joseph von Eichendorff)

Das Wandern ist des Müllers Lust

2. Vom Wasser haben wir's gelernt, vom Wasser.
Das hat nicht Ruh' bei Tag und Nacht,
Ist stets auf Wanderschaft bedacht, das Wasser.

3. Das sehn wir auch den Rädern ab, den Rädern.
Die gar nicht gerne stillestehn
Und sich bei Tag nicht müdedrehn, die Räder.

4. Die Steine selbst, so schwer sie sind, die Steine.
Sie tanzen mit den muntern Reihn
Und wollen gar noch schneller sein, die Steine.

5. O Wandern, Wandern, meine Lust, o Wandern!
Herr Meister und Frau Meisterin,
Laßt mich in Frieden weiterziehn und wandern!

(M: C. F. Zöllner, T: Wilh. Müller)

G.S.

Nun leb wohl, du kleine Gasse

(In der Ferne)

2. Hier in weiter, weiter Ferne
Wie's mich nach der Heimat zieht!
Lustig singen die Gesellen,
Doch es ist ein falsches Lied.

3. Andre Städtchen kommen freilich,
Andre Mädchen zu Gesicht;
Ach, wohl sind es andre Mädchen,
Doch die eine ist es nicht.

4. Andre Städtchen, andre Mädchen,
Ich da mitten drin so stumm!
Andre Mädchen, andre Städtchen –
O wie gerne kehrt' ich um!

(M: Friedrich Silcher, T: Albert Graf Schlippenbach)

Auf, auf, ihr Wandersleut'

(M und T: Volksgut)

2. Ihr liebsten Eltern mein,
Ich will euch dankbar sein;
Die ihr mir habt gegeben
Von Gott ein langes Leben,
So gebet mir gleich einer Speis'
Den Segen auf die Reis'.

3. Der Tau vom Himmel fällt,
Hell wird das Firmament,
Die Vöglein in der Höhe,
Wenn sie vom Schlaf aufstehen,
Da singen sie mir zu meiner Freud':
Lebt wohl, ihr Wandersleut'!

Wohlauf, die Luft geht frisch und rein

2. Der Wald steht grün, die Jagd geht gut, schwer ist das Korn geraten;
Sie können auf des Maines Flut die Schiffe kaum verladen.
Bald hebt sich auch das Herbsten an, die Kelter harrt des Weines;
Der Winzer Schutzherr Kilian beschert uns etwas Feines.

3. Wallfahrer ziehen durch das Tal mit fliegenden Standarten,
Hell grüßt ihr doppelter Choral den weiten Gottesgarten.
Wie gerne wär' ich mitgewallt, ihr Pfarr' wollt mich nicht haben!
So muß ich seitwärts durch den Wald als räudig Schäflein traben.

4. Zum heil'gen Veit von Staffelstein bin ich emporgestiegen
Und seh' die Lande um den Main zu meinen Füßen liegen.
Von Bamberg bis zum Grabfeldgau umrahmen Berg und Hügel
Die breite stromdurchglänzte Au, ich wollt', mir wüchsen Flügel!

5. Einsiedel, das war mißgetan, daß du dich hubst von hinnen!
Es liegt, ich seh's dem Keller an, ein guter Jahrgang drinnen.
Hoiho! Die Pforten brech' ich ein und trinke, was ich finde.
Du heil'ger Veit von Staffelstein, verzeih mir Durst und Sünde!

(M: V. E. Becker, T: J. V. von Scheffel)

Drei Zigeuner fand ich einmal

2. Hielt der eine für sich allein
In den Händen die Fiedel,
Spielte, umglüht vom Abendschein,
Sich ein feuriges Liedel.

3. Hielt der zweite die Pfeif' im Mund,
Blickte nach seinem Rauche,
Froh, als ob er vom Erdenrund
Nichts zum Glücke mehr brauche.

4. Und der dritte behaglich schlief,
Und sein Zimbal am Baum hing,
Über die Saiten der Windhauch lief,
Über sein Herz ein Traum ging.

5. An den Kleidern trugen die drei
Löcher und bunte Flicken,
Aber sie boten trotzig frei
Spott den Erdengeschicken.

6. Dreifach haben sie mir gezeigt,
Wenn das Leben uns nachtet,
Wie man's verraucht, verschläft, vergeigt
Und es dreimal verachtet.

7. Nach den Zigeunern lang noch schaun
Mußt' ich im Weiterfahren,
Nach den Gesichtern dunkelbraun,
Den schwarzlockigen Haaren.

(M: Volksweise, T: Nikolaus Lenau)

Lustig ist das Zigeunerleben

(M und T: Volksgut)

2. Sollt' uns einmal der Hunger plagen,
Gehn wir uns ein Hirschlein jagen,
Hirschlein, nimm dich wohl in acht,
Wenn des Jägers Büchse kracht.

3. Sollt' uns einmal der Durst sehr quälen,
Gehn wir hin zur Wasserquellen,
Trinken das Wasser wie Moselwein,
Meinen, es müßt' Champagner sein.

4. Mädel, willst du Tabak rauchen,
Brauchst dir keine Pfeif' zu kaufen,
Greif in meine Tasche hinein,
Da wird Pfeif' und Tabak sein.

5. Wenn uns tut der Beutel hexen,
Lassen wir einen Taler wechseln,
Treiben wir die Zigeunerkunst,
Hab'n wir den Taler schon wieder bei uns.

6. Wenn wir auch kein Federbett haben,
Tun wir uns ein Loch ausgraben,
Legen Moos und Reisig nein,
Das soll uns ein Federbett sein.

Als ich einmal reiste

(M und T: Volksgut aus Thüringen)

2. Zwei Jahr' bin ich geblieben, zog ich umher von Land zu Land,
Und was ich da getrieben, das ist der Welt bekannt.

3. Als ich wied'rum kommen in unser altes Dorf hinein,
Da schaute meine Mutter aus ihrem Fensterlein.

4. „Ach Sohne, liebster Sohne, dein Aussehn g'fällt mir gar nicht wohl,
Dein' Höslein sind verloren, die Strümpf', das Kamisol."

5. „Ach Mutter, liebste Mutter, was fragt ihr nach der Lumperei!
An Höslein, Rock und Futter spart ihr die Flickerei.

6. In Reußen und in Preußen, wohl bei den schönen Mägdelein,
Da gingen sie auf Reisen bei Bier und kühlem Wein."

7. Die Mutter ging zur Küchen, sie kocht' mir Nudel und Sauerkraut
Stopft' Rock und Höslein, daß ich bin herrlich anzuschaun.

Wer recht in Freuden wandern will

(M: G. Klauer, T: E. Geibel)

2. Die ganze Welt ist wie ein Buch,
Darin uns aufgeschrieben
In bunten Zeilen manch ein Spruch,
Wie Gott uns treu geblieben.
Wald und Blumen nah und fern
Und der helle Morgenstern
Sind Zeugen von seinem Lieben.

3. Da zieht die Andacht wie ein Hauch
Durch alle Sinnen leise;
Da pocht ans Herz die Liebe auch
In ihrer stillen Weise;
Pocht und pocht, bis sich's erschließt,
Und die Lippe überfließt
Von lautem, jubelndem Preise.

4. Und plötzlich läßt die Nachtigall
Im Busch ihr Lied erklingen;
In Berg und Tal erwacht der Schall
Und will sich aufwärts schwingen,
Und der Morgenröte Schein
Stimmt in lichter Glut mit ein:
Laßt uns dem Herrn lobsingen!

Auf, du junger Wandersmann

(Auf, ihr Brüder)

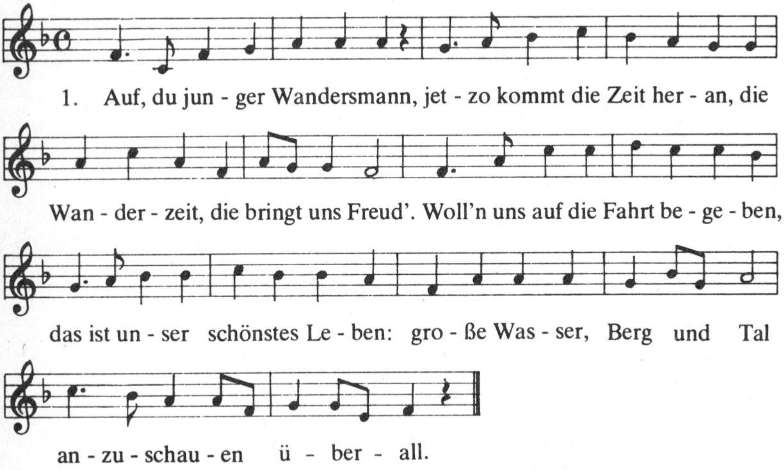

2. An dem schönen Donaufluß findet man ja seine Lust
Und seine Freud' auf grüner Heid', wo die Vöglein lieblich singen
Und die Hirschlein fröhlich springen, dann kommt man vor eine Stadt,
Wo man gute Arbeit hat.

3. Mancher hinterm Ofen sitzt und gar fein die Ohren spitzt,
Kein Stund' vors Haus ist kommen aus; den soll man als G'sell erkennen,
Oder gar ein'n Meister nennen, der noch nirgends ist gewest,
Nur gesessen in sein'm Nest?

4. Mancher hat auf seiner Reis' ausgestanden Müh' und Schweiß
Und Not und Pein, das muß so sein; trägt's Felleisen auf dem Rücken,
Trägt es über tausend Brücken, bis er kommt nach Innsbruck ein,
Wo man trinkt Tiroler Wein.

5. Morgens, wenn der Tag angeht und die Sonn' am Himmel steht
So herrlich rot wie Milch und Blut: Auf, ihr Brüder, laßt uns reisen,
Unserm Herrgott Dank erweisen für die fröhlich' Wanderzeit,
Hier und in die Ewigkeit.

(M: Volkslied aus Franken, T: Walther Hensel)

Wenn jemand eine Reise tut
(Urians Reise)

2. Zuerst ging's an den Nordpol hin, da war es kalt, bei Ehre!
Da dacht' ich denn in meinem Sinn, daß es hier besser wäre.

3. In Grönland freuten sie sich sehr, mich ihres Ort's zu sehen,
Und setzten mir den Trankrug her: ich ließ ihn aber stehen.

4. Die Eskimos sind wild und groß, zu allem Guten träge:
Da schalt ich einen einen Kloß und kriegte viele Schläge.

5. Nun war ich in Amerika, da sagt' ich zu mir: „Lieber!
Nordwestpassage ist doch da, mach dich einmal darüber."

6. Flugs ich an Bord und aus ins Meer, den Tubus festgebunden,
Und suchte sie die Kreuz und Quer, und hab' sie nicht gefunden.

7. Von hier ging ich nach Mexiko; ist weiter als nach Bremen;
Da, dacht' ich, liegt das Gold wie Stroh, willst dir ein'n Sack voll nehmen.

8. Allein, allein, allein, allein, wie kann ein Mensch sich trügen!
Ich fand da nichts als Sand und Stein und ließ den Sack da liegen.

9. Drauf kauft' ich etwas kalte Kost und Kieler Sprott' und Kuchen
Und setzte mich auf Extrapost, Land Asia zu besuchen.

10. Der Mogul ist ein großer Mann und gnädig über Maßen
Und klug; er war jetzt eben dran, 'n Zahn ausziehn zu lassen.

11. Hm, dacht' ich, der hat Zähnepein, bei aller Größ' und Gaben! —
Was hilft's dann auch noch Mogul sein? Die kann man so wohl haben.

12. Ich gab dem Wirt mein Ehrenwort, ihn nächstens zu bezahlen;
Und damit reist' ich weiter fort nach China und Bengalen.

13. Nach Java und nach Otaheit, und Afrika nicht minder,
Und sah bei der Gelegenheit viel Städt' und Menschenkinder.

14. Und fand es überall wie hier, fand überall 'n Sparren,
Die Menschen grade so wie wir, und ebensolche Narren.
„Da hat er übel, übel dran getan:
Erzähl' er nicht weiter, Herr Urian!"

(M: C. F. Zelter, T: Matth. Claudius)

Wenn ich den Wandrer frage
(Nach Hause)

2. Wenn ich den Wandrer frage:
„Wo ziehst du hin?“
„Nach Hause, nach Hause“,
Spricht er mit frohem Sinn.

3. Wenn ich den Wandrer frage:
„Wo blüht dein Glück?“
„Zu Hause, zu Hause“,
Spricht er mit feuchtem Blick.

4. Und wenn er mich nun fraget:
„Was drückt dich schwer?“
„Ich kann nicht nach Hause,
Hab’ keine Heimat mehr!“

(M: Fr. Brückner, T: Volksgut)

Jetzt kommen die lustigen Tage

2. Im Sommer, da müssen wir wandern,
Schätzel, ade,
Und küssest du gleich einen andern,
Wenn ich es nur nicht seh'.
Und seh' ich's im Traum,
So red' ich mir halt ein,
Ach, es ist ja nicht wahr,
Es kann ja gar nicht sein.
Schätzel ade, Schätzel ade!

3. Und kehr' ich dann einstmals wieder,
Schätzel, ade,
So sing' ich die alten Lieder,
Vorbei ist all mein Weh.
Und bist du mir dann
Wie einst im grünen Mai,
Ja, so bleib' ich bei dir
Und halte dir die Treu'.
Schätzel ade, Schätzel ade!

(M und T: Volkslied aus Schlesien)

Nun ade, du mein lieb Heimatland

2. Wie du lachst mit deines Himmels Blau,
Lieb Heimatland, ade!
Wie du grüßest mich mit Feld und Au,
Lieb Heimatland, ade!
Gott weiß, zu dir steht stets mein Sinn;
Doch jetzt zur Ferne zieht's mich hin,
Lieb Heimatland, ade!

3. Begleitest mich, du lieber Fluß,
Lieb Heimatland, ade!
Bist traurig, daß ich wandern muß,
Lieb Heimatland, ade!
Vom moos'gen Stein, am wald'gen Tal,
Da grüß' ich dich zum letztenmal:
Lieb Heimatland, ade!

(M: Volksweise, T: August Disselhoff)

Es, es, es und es
(Handwerksburschen-Abschied)

2. Er, er, er und er, Herr Meister, leb' er wohl!
Ich sag's ihm grad frei ins Gesicht,
Seine Arbeit die gefällt mir nicht.
Ich will mein Glück probieren, marschieren.

3. Sie, sie, sie und sie, Frau Meistrin, leb' sie wohl!
Ich sag's ihr grad frei ins Gesicht,
Ihr Speck und Kraut, das schmeckt mir nicht.
Ich will mein Glück probieren, marschieren.

4. Ihr, ihr, ihr und ihr, ihr Jungfern, lebet wohl!
Ich wünsch' euch all'n zu guter Letzt
Einen andern, der mein' Stell' ersetzt.
Ich will mein Glück probieren, marschieren.

5. Ihr, ihr, ihr und ihr, ihr Brüder, lebet wohl!
Hab' ich euch was zuleid getan,
So bitt' ich um Verzeihung an.
Ich will mein Glück probieren, marschieren.

(M und T: Volksgut)

Ein Sträußchen am Hute

(Der Wandersmann)

2. Da sieht er am Wege viel Blumen da stehn:
Der Wandrer muß eilend vorübergehn;
Sie blühen so herrlich, sie duften so schön:
Doch fort muß er wieder, muß weiterziehn.

3. Dort winkt ihm ein Häuschen, am Berge gebaut,
Von Rosen umgeben, von Trauben umlaubt:
Da könnt's ihm gefallen, da sehnt er sich hin;
Doch fort muß er wieder, muß weiterziehn.

4. Ein freundliches Mädchen, das redet ihn an:
„Sei herzlich willkommen, du wandernder Mann!"
Sie sieht ihm ins Auge, er drückt ihr die Hand:
Doch fort muß er wieder, muß weiter zu Land.

5. Es bietet das Leben ihm manchen Genuß,
Das Schicksal gebietet dem strauchelnden Fuß.
Da steht er am Grabe und schauet zurück:
Hat wenig genossen vom irdischen Glück.

(M: Volksgut, T: Conrad Rotter)

Muß i denn zum Städtele 'naus
(Abschied)

2. Wie du weinst, wie du weinst, daß i wandere muß,
Wie wenn d' Lieb' jetzt wär' vorbei –
Sind au drauß, sind au drauß der Mädele viel,
Lieber Schatz, i bleib' dir treu.
Denk du net, wenn i en andre seh'
No sei mein Lieb' vorbei;
Sind au drauß usw.

3. Übers Jahr, übers Jahr, wenn me Träubele schneid't,
Stell' i hier mi wiedrum ein;
Bin i dann, bin i dann dein Schätzele noch,
So soll die Hochzeit sein.
Übers Jahr, da ist mein Zeit vorbei,
Da g'hör i mein und dein;
Bin i dann usw.

(M: aus dem Remstal, T: 1. Strophe ist Volksgut, 2. u. 3. Strophe von Heinrich Wagner)

Wohlan, die Zeit ist kommen

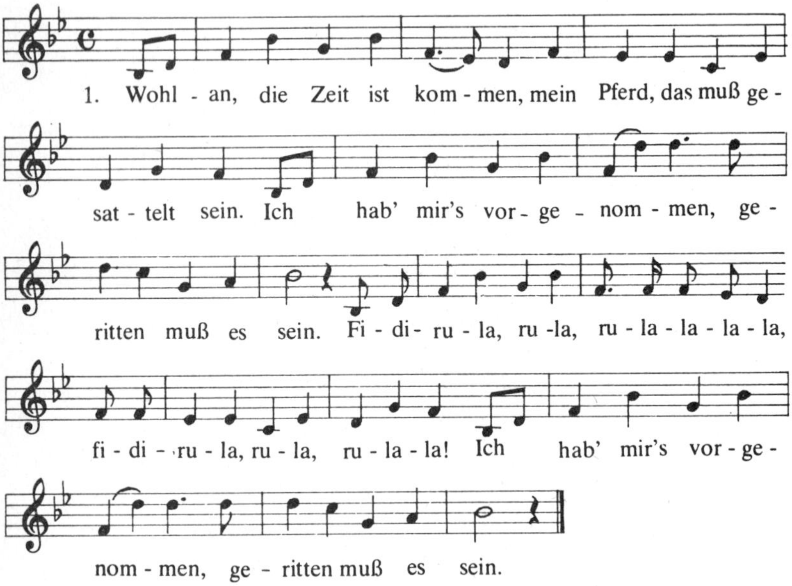

2. In meines Vaters Garten,
Da stehn viel schöne Blum', ja Blum'.
Drei Jahr' muß ich noch warten,
Drei Jahr' sind bald herum.

3. Du glaubst, du wärst die Schönste
Wohl auf der ganzen Welt, ja Welt,
Und auch die Angenehmste,
Ist aber weit gefehlt.

4. Der Kaiser streit' fürs Ländle,
Der Herzog für sein Geld, ja Geld,
Und ich streit' für mein Schätzle,
Solang es mir gefällt.

5. Solang ich leb' auf Erden,
Sollst du mein Trimpeltrampel sein,
Und wenn ich einst gestorben bin,
So trampelst hinterdrein.

(M und T: Volksgut)

Wem Gott will rechte Gunst erweisen

(Der frohe Wandersmann)

2. Die Trägen, die zu Hause liegen,
Erquicket nicht das Morgenrot;
Sie wissen nur von Kinderwiegen,
Von Sorgen, Last und Not um Brot.

3. Die Bächlein von den Bergen springen,
Die Lerchen schwirren hoch vor Lust;
Was sollt' ich nicht mit ihnen singen
Aus voller Kehl' und frischer Brust?

4. Den lieben Gott laß' ich nur walten;
Der Bächlein, Lerchen, Wald und Feld
Und Erd' und Himmel will erhalten,
Hat auch mein Sach' aufs best' bestellt.

(M: Friedrich Theodor Fröhlich, T: Joseph von Eichendorff)

Ich wandre in die weite Welt

(Grüßt mir das blonde Kind am Rhein)

(M: W. Heise, T: H. W. Mertens)

2. Und weiter, wenn der Morgen tagt,
Durch Sonnengold und Regen.
Mir hat die Mutter oft gesagt:
Das Glück blüht allerwegen!
Und doch, hier kann es nimmer sein,
Kein einz'ger Stern fällt nieder.

3. Wie hab' beim Abschied ich gescherzt,
Als ob mich nichts gequälet.
Nun weiß ich erst, wie sehr es schmerzt,
Wenn eins dem andern fehlet.
Am Ufer wandelt sie allein,
Singt einsam meine Lieder.

So hab' ich denn die Stadt verlassen

(Abreise)

(M: Konradin Kreutzer,
T: Ludwig Uhland)

Der Kanon klingt so hell und froh

Wachet auf, wachet auf

(Kanon)

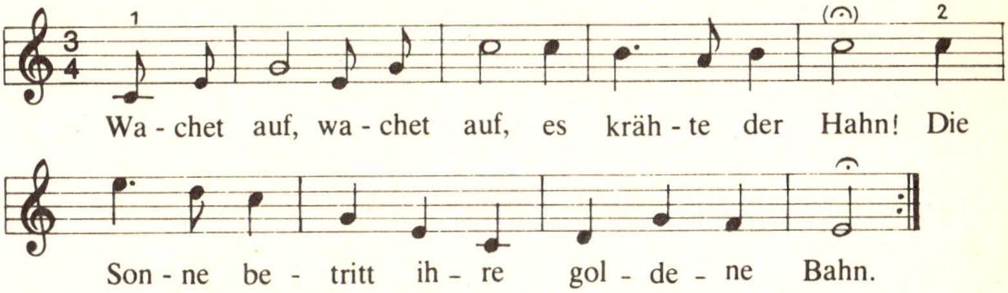

(M und T: Johann Jakob Wachsmann)

Trara, das tönt wie Jagdgesang

(Kanon)

(Volkstümlicher Kanon)

Große Uhren gehen: tick tack

(Uhrenkanon)

(M und T: Karl Karow)

Alles schweiget, Nachtigallen locken

(Kanon)

(M: Joseph Haydn, T: Verfasser unbekannt)

O wie wohl ist mir am Abend

(Kanon)

(M und T: Volksgut)

Bruder Jakob
(Kanon)

(M und T: Volksgut, ursprünglich aus Frankreich)

Es regnet, wenn es regnen will
(Es regnet)

(M: Carl Friedrich Zelter, T: Volksgut)

Es tönen die Lieder
(Kanon)

(M und T: Volksgut)

Gretel, Pastetel
(Kanon)

2. Gretel, Pastetel, was macht eure Kuh?
Sie stehet im Stalle und macht immer „muh".

3. Gretel, Pastetel, was macht euer Hahn?
Er sitzt auf der Mauer und kräht, was er kann.

(M und T: Volksgut)

C-a-f-f-e-e, trink nicht so viel Caffee

(C - a - f - f - e - e)

(M und T: Carl Gottlieb Hering)

Dona nobis pacem
(Kanon)

(Volkstümlicher Kanon, Komponist unbekannt)

Ich armes welsches Teufeli

(Kanon)

(M und T: Volksgut)

Himmel und Erde müssen vergehn
(Kanon)

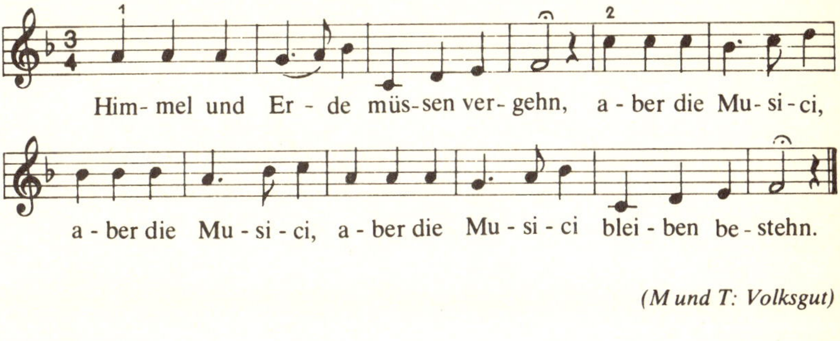

(M und T: Volksgut)

Zum Lob der Heimat

Auf der Lüneburger Heide

2. Brüder, laßt die Gläser klingen,
Denn der Muskatellerwein
Wird vom langen Stehen sauer,
Ausgetrunken muß er sein.

3. Und die Bracken und die bellen,
Und die Büchse und die knallt,
Rote Hirsche woll'n wir jagen
In dem grünen, grünen Wald.

4. Ei du Hübsche, ei du Feine,
Ei du Bild wie Milch und Blut,
Unsre Herzen woll'n wir tauschen,
Denn du glaubst nicht, wie das tut.

(M: L. Rahlfs, T: H. Löns)

Drunten im Unterland

2. Drunten im Neckartal,
Da ist's halt gut.
Ist mer's da oben rum
Manchmal au no so dumm,
Han i doch alleweil
Drunten gut's Blut.

3. Kalt ist's im Oberland,
Unten ist's warm;
Oben sind d'Leut so reich,
D'Herzen sind gar net weich,
Sehn mi net freundlich an,
Werdet net warm.

4. Aber da unten rum,
Da sind d'Leut arm;
Aber so froh und frei
Und in der Liebe treu.
Drum sind im Unterland
D'Herzen so warm.

(M: Volksweise, T: Gottlieb Weigle)

Ich hab' mir mein' Weizen . . .

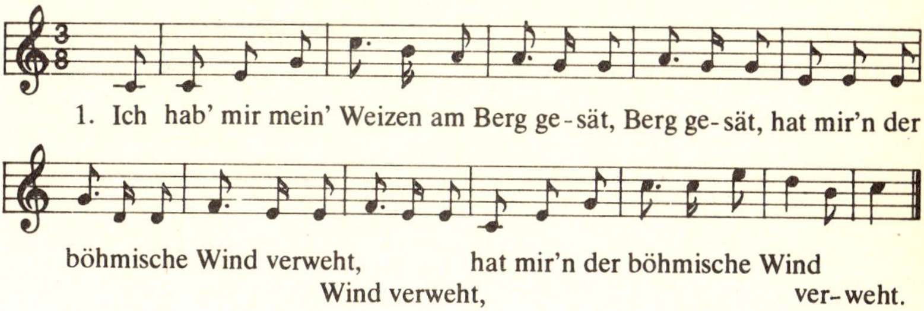

2. Böhmischer Wind, ich bitt' dich schön, bitt' dich schön,
Laß mir mein' Weizen am Berge stehn, Berge stehn,
Laß mir mein' Weizen am Berge stehn.

3. Der Apfel ist sauer, ich mag ihn nicht, mag ihn nicht,
's Mädel ist falsch, ich trau' ihr nicht, trau' ihr nicht,
's Mädel ist falsch, ich trau' ihr nicht.

4. Wenn ich kein Geld im Beutel hab', Beutel hab',
Geh' ich ins Holz, schneid' Reiser ab, Reiser ab,
Geh' ich ins Holz, schneid' Reiser ab.

5. Geh' ich nach Haus, mach' Besen draus, Besen draus,
Krieg' ich bald wieder Geld ins Haus, Geld ins Haus,
Krieg' ich bald wieder Geld ins Haus.

6. Wenn ich die Besen gebunden hab', bunden hab',
Geh' ich die Straßen wohl auf und ab, auf und ab:
Leute, wer kauft mir Besen ab?

(M und T: Volksgut)

Die Hussiten zogen vor Naumburg

(Die Hussiten vor Naumburg)

(M: Volksgut, T: Carl Friedrich Seyferth)

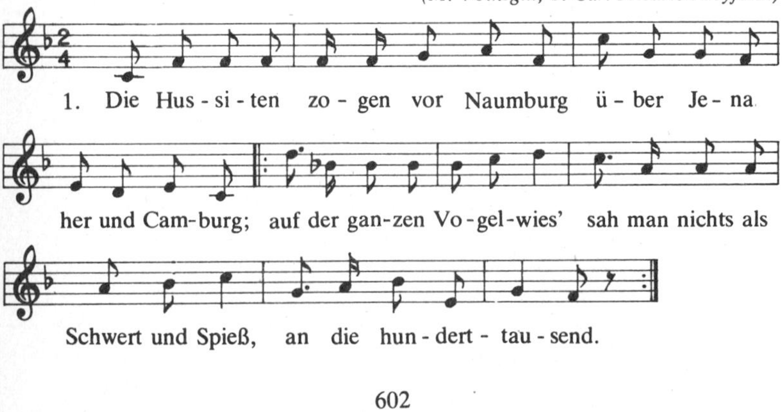

2. Als sie nun vor Naumburg lagen,
Gab's drin Jammer, Heulen, Klagen;
Hunger quälte, Durst tat weh,
Und ein einzig Lot Kaffee
Kam auf sechzehn Pfenn'ge.

3. Als die Not nun stieg zum Gipfel,
Faßt' die Hoffnung man beim Zipfel,
Und ein Lehrer von der Schul'
Sann auf Rettung und verful
Endlich auf die Kinder.

4. „Kinder", sprach er, „ihr seid Kinder,
Unschuldsvoll und keine Sünder;
Ich führ' zum Prokop euch hin:
Der wird nicht so grausam sin,
Euch zu massakrieren."

5. Dem Prokopen tät es scheinen:
Kirschen kauft er für die Kleinen,
Zog darauf sein langes Schwert,
Kommandierte: „Rechtsum kehrt!
Hinterwärts von Naumburg."

6. Und zu Ehren des Mirakel
Ist alljährlich ein Spektakel,
Das Naumburger Kirschenfest,
Wo man's Geld in Zelten läßt.
Freiheit und Viktoria!

An der Saale hellem Strande
(Die Rudelsburg)

2. Zwar die Ritter sind verschwunden,
Nimmer klingen Speer und Schild;
Doch dem Wandersmann erscheinen
Auf den altbemoosten Steinen
Oft Gestalten zart und mild.

3. Droben winken holde Augen,
Freundlich lacht manch roter Mund;
Wandrer schaut wohl in die Ferne,
Schaut in holder Augen Sterne,
Herz ist heiter und gesund.

4. Und der Wandrer zieht von dannen,
Denn die Trennungsstunde ruft;
Und er singet Abschiedslieder,
Lebewohl tönt ihm hernieder,
Tücher wehen in der Luft.

(M: Friedrich Ernst Fesca, T: Franz Kugler)

Innsbruck, ich muß dich lassen

2. Groß Leid muß ich ertragen,
Das ich allein tu klagen
Dem liebsten Buhlen mein.
Ach Lieb, nun laß mich Armen
Im Herzen dein erbarmen,
Daß ich muß ferne sein!

3. Mein Trost ob allen Weiben!
Dein tu ich ewig bleiben,
Stet, treu, in Ehren fromm.
Nun muß dich Gott bewahren,
In aller Tugend sparen,
Bis daß ich wieder komm'!

(M: Heinrich Isaac, T: Landsknechtslied vom Anfang des 16. Jahrhunderts)

Schleswig-Holstein, meerumschlungen

2. Ob auch wild die Brandung tose,
Flut auf Flut von Bai zu Bai,
O laß blühn in deinem Schoße
Deutsche Tugend, deutsche Treu'!
Schleswig-Holstein, stammverwandt,
Bleibe treu, mein Vaterland!

3. Gott ist stark auch in den Schwachen,
Wenn sie gläubig ihm vertraun,
Zage nimmer, und dein Nachen
Wird trotz Sturm den Hafen schaun.
Schleswig-Holstein, stammverwandt,
Harre aus, mein Vaterland!

4. Von der Woge, die sich bäumet
Längs dem Belt am Ostseestrand,
Bis zur Flut, die ruhlos schäumet
An der Düne flücht'gem Sand:
Schleswig-Holstein, stammverwandt,
Stehe fest, mein Vaterland!

5. Doch wenn innre Stürme wüten,
Drohend sich der Wind erhebt,
Schütze Gott die holden Blüten,
Die ein mildrer Süd belebt!
Schleswig-Holstein, stammverwandt,
Stehe fest, mein Vaterland!

6. Und wo an des Landes Marken
Sinnend blickt die Königsau,
Und wo rauschend stolze Barken
Elbwärts ziehn zum Holstengau —
Schleswig-Holstein, stammverwandt,
Bleibe treu, mein Vaterland!

7. Teures Land, du Doppeleiche,
Unter einer Krone Dach,
Stehe fest und nimmer weiche,
Wie der Feind auch dräuen mag,
Schleswig-Holstein, stammverwandt,
Wanke nicht, mein Vaterland!

(M: K. G. Bellmann, T: M. F. Chemnitz)

Droben im Oberland

(M und T: Volksgut aus Schwaben)

2. Schieß mir an Gamsbock z'samm,
Fallt er oder fallt er net.
Fallt er net, so bleibt er stehn,
Zu meinem Madel muß i gehn,
Zu meinem Madel muß i gehn
Alle Woch sechs-, siebenmal.

3. Gestern ist Sonntag gwen,
Hei, da war sie wieder da!
Sie hatt' ein Hüterl auf,
Eine wunderschöne Feder drauf,
Sie sah so reizend, reizend aus,
Und ich ging mit ihr nach Haus.

4. Vor der Tür angelangt,
Ei, da sagte sie zu mir:
„Hast mich nach Haus gebracht,
Hast deine Sache gut gemacht!"
Beim Abschied gab sie mir zum Schluß
Einen zuckersüßen Kuß.

5. Lauter hübsche junge Leut' sein's mir,
Lauter hübsche junge Leut'.
Wenn mir hübschen jungen Leut' net wärn,
Wer sollt' das viele Geld verzehrn?
Wer sollt' die Kinderwagen schieb'n
Und die saubern Weiber lieb'n?

Es steht eine Mühle im Schwarzwäldertal

2. Und in dieser Mühle im Schwarzwäldertal,
Da wohnet ein Mädel so schön.
Und wo ich geh' und steh',
Im Tal und auf der Höh',
Da liegt mir das Mädel,
Das Mädel im Sinn,
Das Mädel vom Schwarzwäldertal.

3. Wir reichten zum Abschied noch einmal die Hand,
Und wünschten einander viel Glück.
Und wo ich geh' und steh',
Im Tal und auf der Höh',
Da liegt mir der Abschied,
Der Abschied im Sinn,
Der Abschied vom Schwarzwäldertal.

(M und T: Volksgut)

Tief drin im Böhmerwald

2. O holde Kindeszeit,
Noch einmal kehr zurück,
Wo spielend ich genoß
Das allerhöchste Glück,
Wo ich am Vaterhaus
Auf grüner Wiese stand
Und weithin schaute auf
Mein Vaterland.

3. Nur einmal noch, o Herr,
Laß mich die Heimat sehn,
Den schönen Böhmerwald,
Die Täler und die Höhn;
Dann kehr' ich gern zurück
Und rufe freudig aus:
Behüt dich, Böhmerwald,
Ich bleib' zu Haus!

(M: H. Bicherl, T: M. Schmidt)

GABER.

Ihr mögt den Rhein, den stolzen, preisen

(Westfalenlied)

2. Wir haben keine süßen Reben
Und schöner Worte Überfluß,
Und haben nicht so bald für jeden
Den Brudergruß und Bruderkuß,
Wenn du uns willst willkommen sein,
So schau aufs Herz, nicht auf den Schein,
Und schau uns grad hinein ins Aug'
Gradaus, das ist Westfalenbrauch!
Es fragen nicht nach Spiel und Tand
Die Männer aus Westfalenland!

3. Und unsre Frauen, unsre Mädchen,
Mit Augen blau wie Himmelsgrund,
Sie spinnen nicht die Liebesfädchen
Zum Scherze für die müß'ge Stund'!
Ein frommer Engel Tag und Nacht
Hält tief in ihrer Seele Wacht,
Und treu in Wonne, treu in Schmerz,
Bleibt bis zum Tod ein liebend Herz.
Glückselig, wessen Arm umspannt
Ein Liebchen aus Westfalenland.

4. Behüt dich Gott, du rote Erde,
Du Land von Wittekind und Teut;
Bis ich zu Staub und Asche werde
Mein Herz sich seiner Heimat freut!
Du Land Westfalen, Land der Mark,
Wie deine Eichenstämme stark,
Dich segnet noch der blasse Mund
Im Sterben in der letzten Stund'!
Land zwischen Rhein und Weserstrand,
O grüß dich Gott, Westfalenland!

(M: Joh. Peters, T: E. Rittershaus)

Zillertal, du bist mei' Freud'

2. Achental, du bist mei' Leb'n,
Da liegt der See so schön daneb'n,
Da gibt's Fahnlen für die Schifflen,
Da gibt's Anglen für die Fischlen.
Achental, du bist mei' Leb'n.

3. Brixental, du bist mei' Lust,
Dei' hohe Salv' hebt jede Brust,
Schönres kann man nirgends schauen,
Als von dir die Berg' und Auen.
Brixental, du bist mei' Lust.

(M und T: Volksgut)

Die Binschgauer wollten wallfahrten gehn

(Die Binschgauer Wallfahrt)

2. Die Binschgauer zogen weit vom Heimatland.
Sie schauten viel Stadel und wurden rings bekannt.
Zschahi usw.

3. Die Binschgauer hätten lange Freud' und Not,
Bis hoch des Domes Zinne erglänzt' im Abendrot.
Zschahi usw.

4. Die Binschgauer gängen um den Dom herum,
Die Fahnestang' is broche, jetzt gäng'ns mit dem Trumm.
Zschahi usw.

5. Die Binschgauer gängen in den Dom hinein,
Die Heil'gen taten schlafe, sie kunnten's nit aschrein.
Zschahi usw.

(M und T: Tiroler Spottlied auf die Pinzgauer)

KRÜGER

Mein Herz ist im Hochland

2. Mein Norden, mein Hochland,
Leb wohl, ich muß ziehn,
Du Wiege von allem,
Was stark und was kühn.
Doch wo ich auch wandre
Und wo ich auch bin,
Nach den Hügeln des Hochlands
Steht allzeit mein Sinn.

3. Lebt wohl, ihr Gebirge
Mit Häuptern voll Schnee,
Ihr Schluchten, ihr Täler,
Du schäumender See,
Ihr Wälder, ihr Klippen,
So grau und bemoost,
Ihr Ströme, die zornig
Durch Felsen ihr tost!

4. Mein Herz ist im Hochland,
Mein Herz ist nicht hier,
Mein Herz ist im Hochland,
Im wald'gen Revier!
Da jag' ich das Rotwild,
Da folg' ich dem Reh,
Mein Herz ist im Hochland,
Wo immer ich geh'.

(M: K. Irmischer, T: F. Freiligrath)

Aus der Jugendzeit
(Das Schwalbenlied)

2. O du Heimatflur
Laß zu deinem heil'gen Raum
Mich noch einmal nur
Entfliehn im Traum!
Als ich Abschied nahm
War die Welt mir voll so sehr,
Als ich wiederkam
War alles leer.

3. Wohl die Schwalbe kehrt,
Und der leere Kasten schwoll:
Ist das Herz geleert,
Wird's nie mehr voll.
Keine Schwalbe bringt
Dir zurück, wonach du weinst.
Doch die Schwalbe singt
Im Dorf wie einst.

(M: Richard Radecke, T: Friedrich Rückert)

Hoch vom Dachstein an

(Der Steirer Land)

(M: Carl Seidel, T: Jacob Dirnböck)

2. Wo Schalmeienklang früh den Schäfer weckt,
Wenn der Nebel noch die Täler deckt,
Wo auf dunklem Pfad frohe Rinder ziehn,
Wenn im Sonnenstrahl die Alpen glühn:
Dieses schöne Land ist mein Steirerland,
Ist mein liebes teures Heimatland.

3. Wo der Gemsbock leicht über Felsen jagt
Und der Büchse Knall das Echo weckt,
Wo dem Steirer laut jede Scholle sagt,
's ist die Erde, die dein Liebstes deckt:
Dieses schöne Land ist mein Steirerland,
Ist mein liebes teures Heimatland.

O Straßburg, o Straßburg

(Der unerbittliche Hauptmann)

2. So mancher und schöner,
Auch tapferer Soldat,
Der Vater und lieb Mutter
Böslich verlassen hat.

3. Verlassen, verlassen,
Es kann nicht anders sein!
Zu Straßburg, ja zu Straßburg
Soldaten müssen sein.

4. Der Vater, die Mutter
Die ging'n vors Hauptmanns Haus:
„Ach Hauptmann, lieber Herr Hauptmann,
Gebt mir mein' Sohn heraus!"

5. „Euern Sohn kann ich nicht geben
Für noch so vieles Geld;
Euer Sohn, der muß marschieren
Ins weit und breite Feld.

6. Ins weite, ins breite
Und auch noch vor den Feind,
Wenngleich sein schwarzbraun's Mädchen
So bitter um ihn weint."

7. Sie weinet, sie greinet,
Sie klaget also sehr:
„Ade, Herzallerliebster!
Wir sehn uns nimmermehr.“

(M und T: Volksgut)

Auf de schwäb'sche Eisebahne

2. Auf de schwäb'sche Eisebahne
Wollt emol a Bäuerle fahre,
Geht an Schalter, lupft de Huet:
„Oi Billettle, seid so guet!"

3. Einen Bock hat er si kaufet,
Und daß der ihm net verlaufet,
Bindet en der guete Ma
A de hintre Wage na.

4. „Böckle, tue nuer woidle springe,
's Fresse wer' i dir scho bringe."
Zündt sei stinkichs Pfeifle a,
Hockt si zu sei'm Weible na.

5. Wia der Zug no wieder staut,
D'r Bauer nach sei'm Goißbock schaut,
Findt er bloß no 'n Kopf un 's Soil
An dem hintre Wagedoil.

6. Da kriegt er en große Zore,
Packt de Goißkopf bei de Ohre,
Schmeißt en, was er schmeiße ka,
'm Konduktör an 'n Ranza na.

7. „So, jetzt kannsch de Schade zahle,
Warum bisch so schnell au g'fahre!
Du alloi bisch schuld do dra,
Daß i d'Goiß verlaure ha!"

8. So, jetzt wär das Liadle g'songe.
Hot's eich reacht in d'Ohre klonge?
Wer's no net begreife ka,
Fang's noemol von vorne a!

(M und T: Volksgut)

Alt-Heidelberg, du feine

2. Und kommt aus lindem Süden
Der Frühling übers Land,
So webt er dir aus Blüten
Ein schimmernd Brautgewand.
Und stechen mich die Dornen
Und wird mir's drauß zu kahl,
Geb' ich dem Roß die Spornen
Und reit' ins Neckartal,
Und reit' ins Neckartal.

(M: A. Zimmermann, T: J. V. von Scheffel)

Alphabetisches Verzeichnis namentlich bekannter Komponisten

Alphabetisches Verzeichnis namentlich bekannter Textdichter